DIREITO MILITAR

principais noções sobre as vertentes penal, processual penal e administrativa

SÉRIE ESTUDOS JURÍDICOS: DIREITO PÚBLICO

intersaberes

Guilherme Sérgio Fauth

Rua Clara Vendramin, 58 . Mossunguê . Cep 81200-170 . Curitiba . PR . Brasil
Fone: (41) 2106-4170 . www.intersaberes.com . editora@intersaberes.com

Dados Internacionais de Catalogação na Publicação (CIP)
(Câmara Brasileira do Livro, SP, Brasil)

Fauth, Guilherme Sérgio
Direito militar : principais noções sobre as vertentes penal, processual penal e administrativa / Guilherme Sérgio Fauth. -- Curitiba, PR : Editora Intersaberes, 2023. -- (Série estudos jurídicos: direito público)

Bibliografia.
ISBN 978-85-227-0629-7

1. Direito militar 2. Direito militar - Brasil 3. Direito militar - Legislação - Brasil 4. Direito processual penal 5. Direito processual penal militar - Brasil I. Título. II. Série.

23-152199 CDU-344.2(81)

Índices para catálogo sistemático:

1. Brasil : Direito processual penal militar 344.2(81)

Eliane de Freitas Leite - Bibliotecária - CRB 8/8415

1ª edição, 2023.

Foi feito o depósito legal.

1ª edição especial – capa dura

Sumário

Apresentação

Nesta obra, abordaremos as principais noções do direito militar, ramo autônomo do direito público pátrio. Buscaremos contextualizar as normas jurídicas atinentes às funções militares, que, por determinação constitucional e infraconstitucional, atribuem especial papel às Forças Armadas (Marinha, Exército e Aeronáutica) e às Forças Militares estaduais (Polícias e Bombeiros Militares).

Referidas funções, dotadas de especial relevo para a manutenção da ordem constitucional, bem como da segurança pública no âmbito estadual, são regidas sob a égide de dois pilares fundantes e primordiais de *status* constitucional: hierarquia e disciplina.

Fortes, portanto, nesses dois pilares de índole constitucional, as normas atinentes ao ramo penal militar, imediata ou mediatamente, têm como escopo maior a preservação da regularidade das instituições militares.

Dessas premissas emergem peculiaridades da vida castrense e delas, com propriedade, conhecem aqueles que a ela se dedicam. Em outras palavras, detêm o pleno conhecimento e sentido do significado da importância das Forças Militares e dos valores a elas intrínsecos os que vivem a carreira militar.

Essas peculiaridades da vida na caserna (que deriva do latim *castrensis*, relativo ao "acampamento militar", ao "exército", de *castra*, "acampamento", "alojamento") conduziram à manutenção, pelo legislador constituinte originário de 1988, do reconhecimento do caráter especial das carreiras militares, mantendo expressamente no texto constitucional a Justiça Militar. Uma justiça especializada, tal qual as justiças Eleitoral e do Trabalho, cujas competências, respectivamente, destinam-se a processar e a julgar questões atinentes ao processo eleitoral e suas decorrências (crimes comuns conexos a eleitorais) e às relações de trabalho, pois são detentoras de peculiaridades intrínsecas que demandam conhecimento específico dos fenômenos que orbitam tais ramos.

No entanto, o direito militar é ramo pouco explorado na ordem jurídica pátria, como bem destacou o General de Exército e Ministro do Superior Tribunal Militar aposentado, Renaldo Quintas Magioli (2013-2014, p. 23), ao mencionar que tem "constatado desconhecimento, por parte de diversas pessoas, inclusive por parte de legisladores e operadores do direito, a respeito do Direito Penal Militar ou, mais precisamente, da Justiça Militar da União". Em complemento, ressaltou que "também, estudantes de Direito, advogados, juízes e outros profissionais da área jurídica pouco sabem a respeito das peculiaridades da vida militar, dos princípios da hierarquia e disciplina como vigas de sustentação das Forças Armadas, de seus valores e de tantas outras particularidades que lhes são próprias" (Magioli, 2013-2014, p. 24).

Assim, a normativa constitucional conferiu aos militares o direito de serem processados e julgados perante uma justiça especializada quando autores, coautores ou partícipes em crimes militares – pela Justiça Militar da União, nos casos dos militares das Forças Armadas, e pela Justiça Militar dos estados e do Distrito Federal, nos casos dos Policiais e Bombeiros Militares. No entanto, há exceção prevista tanto constitucional quanto infraconstitucionalmente quando se tratar de crimes dolosos contra a vida de civil praticados por militares, conforme dispõem o art. 125, parágrafo 4º, da Constituição Federal de 1988 e o art. 9º do Código Penal Militar.

Fixadas essas premissas importantíssimas, abordaremos, nesta obra, os principais conceitos, princípios e institutos dos três sub-ramos (ou subsistemas) do direito militar, que possibilitarão o conhecimento desse ramo autônomo do direito pouco explorado e conhecido, andando na contramão de sua importância, na medida em que toda sociedade encontra nas instituições armadas órgãos permanentes de defesa e de manutenção da ordem jurídica.

Em linhas objetivas, o ramo penal militar traduz-se no direito material que, por meio do Código Penal Militar, apresenta, tal qual o Código Penal comum, toda a parte conceitual e principiológica para sua devida compreensão e exata aplicação (Parte Geral), bem como a descrição dos tipos penais militares em tempos de paz e em tempos de guerra (Parte Especial). Aqui, ressaltamos importante alteração legislativa implementada pela Lei n. 13.491, de 13 de outubro de 2017, que deu natureza de crime militar a todos os crimes previstos na legislação penal comum quando enquadrados nas hipóteses previstas no art. 9º do Código Penal Militar.

O ramo processual penal, por sua vez, é o conjunto de normas que regula a aplicação do ramo penal militar (material), disciplinando as atividades persecutórias da Polícia Judiciária Militar, a disposição dos ritos processuais penais, o espectro de atribuições e limites das partes, bem como a previsão recursal. Em suma, é o regramento procedimental, voltado à prática, para a delimitação de suas etapas e dos papéis que correspondem às partes e ao juiz, interpretados à luz da Constituição Federal de 1988.

Por fim, o ramo administrativo militar volta-se para o estudo do conjunto de princípios e preceitos jurídicos que regem as atividades peculiares das Forças Armadas (Marinha, Aeronáutica e Exército) e das Forças Auxiliares (Polícias e Bombeiros Militares), seus órgãos, seus membros militares e suas atividades jurídicas em âmbito administrativo, a fim de garantir o cumprimento de suas funções constitucionais mediante apurações de transgressões disciplinares via procedimentos próprios disciplinados por essas instituições.

Nesse sentido e a título de curiosidade, a fim de instigar o interesse dos leitores à matéria, dados oficiais do Ministério da Defesa mostram que as Forças Armadas contam, somadas, com mais de 440 mil militares, conforme informação atualizada contida no sítio do Exército brasileiro (Brasil, 2014a).

Tabela A – Efetivo máximo autorizado por lei

Nível	Marinha	Exército	Aeronáutica	Total (MD)
Oficiais-generais	87	182	87	356
Demais oficiais	10.620	25.986	11.000	47.606
Graduados	69.800	59.656	34.000	120.100
Cabos e soldados		210.510	35.850	276.752
Total	**80.507**	**296.334**	**80.937**	**444.814**

Fonte: Brasil, 2014a.

No âmbito estadual, somente o Estado de São Paulo, conta com quase 82 mil policiais militares (São Paulo, 2016). Somem-se a esses números os militares estaduais dos outros 25 estados e do Distrito Federal.

Logo, o número de destinatários das normas jurídicas militares, seja no âmbito penal e no processual penal, seja no administrativo, e a indispensabilidade de suas atribuições à preservação dos valores constitucionais demonstram que esse ramo do direito é de suma relevância.

Boa leitura!

Capítulo 1

Justiça Militar

As Forças armadas são instituições permanentes e regulares que desempenham papel fundamental na defesa da pátria, na garantia dos poderes da República e na garantia da lei e da ordem, conforme preceitua o art. 142 da Constituição Federal (CF) de 1988 (Brasil, 1988).

Diante dessa importância, as carreiras militares estruturam-se sobre dois pilares fundamentais - hierarquia e disciplina - e apresentam peculiaridades tão intrínsecas que, por mandamento constitucional, contam com um sistema jurídico dotado de especialidade, qual seja, a Justiça Militar.

Nessa perspectiva, historicamente, no Brasil, o regramento militar passou de previsões gerais nas Ordenações Filipinas (1603) para previsões específicas em todas as Constituições da República, desde 1891 até a presente.

Vejamos.

— 1.1 —
Panorama constitucional

Sem qualquer pretensão de esgotamento do tema, mas no singelo intuito de situar o leitor acerca do surgimento e das alterações mais relevantes no Brasil no âmbito do regramento normativo militar até a previsão vigente na CF de 1988, importa saber que aqui chegou por meio das Ordenações do Reino, principalmente as Ordenações Filipinas (1603), que perduraram até 1763, quando foram juntados às Ordenações os Artigos de Guerra do

Conde Lippe, general alemão, precursor da definição de políticas militares e responsável pela reestruturação das bases militares portuguesas e pela instituição da formação de quadros militares, o que tornou o exército eficiente e otimizado.

Os Artigos de Guerra do Conde Lippe vigoraram até 1899, quando surgiu o Código Penal da Armada, que vigeu até 1944. Em 24 de janeiro de 1944, foi editado o Decreto-Lei n. 6.227, que trouxe ao cenário o Código Penal Militar, o qual vigeu até a elaboração do atual Código Penal Militar (CPM) – Decreto-Lei n. 1.001, de 21 de outubro de 1969 – que passou a vigorar em 1º de janeiro de 1970 (Brasil, 1969a). Igualmente ocorreu com o atual Código de Processo Penal Militar (CPPM) – Decreto-Lei n. 1.002, de 21 de outubro de 1969 (Brasil, 1969b).

A saber, os vigentes CPM e CPPM foram editados em um período da história nacional sob forte influência militar e contam com dispositivos que não se compatibilizam com os vetores axiológicos trazidos pela CF de 1988, devendo, sempre, o intérprete aplicá-los à luz da Constituição, de modo que não afrontem direitos e garantias fundamentais e seus princípios norteadores. Isso se chama de *interpretação conforme à Constituição*. Como exemplo de dispositivo que precisa da necessária interpretação conforme o art. 77, alínea "h", do CPPM dispõe que o Ministério Público Militar poderá arrolar até seis testemunhas na denúncia. Por sua vez, o art. 417, parágrafo § 3º, que trata da resposta à acusação do acusado, dispõe que poderão ser arroladas até três testemunhas (Brasil, 1969b). Tais dispositivos demonstram a afronta aos princípios do contraditório, da ampla defesa, da isonomia e, no âmbito infraconstitucional, do princípio da paridade de armas.

Inicialmente, é de suma importância saber que, longe de ser uma justiça de exceção ou condescendente é, ao revés, bastante severa com seus jurisdicionados, visando à manutenção dos ditames pétreos dos militares: a hierarquia e a disciplina.

Nosso intuito, aqui, é buscar evidenciar as matrizes norteadoras dessa sistemática e explicar, de forma mais concreta, as peculiaridades das carreiras militares, razão de existir do direito militar, destinado a regulamentar as condutas de seus integrantes.

Como antecipado, as carreiras militares, sejam no âmbito federal, sejam no âmbito estadual, são calcadas na disciplina e na hierarquia, fatores que as diferenciam das demais carreiras públicas (funcionalismo público), cujas vicissitudes, particularidades e importância mereceram do legislador constituinte originário, na mesma toada das Constituições da República anteriores (Constituição de 1891, art. 77; Constituição de 1934, art. 63 e arts. 64 a 87; Constituição de 1937, art. 90; Constituição 1946, art. 106 e parágrafo único), a manutenção do direito de ser processados e julgados perante uma justiça especializada, qual seja, a Justiça Militar.

A especialidade das Justiças Militares está expressamente prevista na CF de 1988, em seus arts. 124 e 125, parágrafo 4º:

> Art. 124. À Justiça Militar compete processar e julgar os crimes militares definidos em lei.
>
> Parágrafo único. A lei disporá sobre a organização, o funcionamento e a competência da Justiça Militar.
>
> Art. 125. Os Estados organizarão sua Justiça, observados os princípios estabelecidos nesta Constituição.
>
> [...]
>
> § 4º Compete à Justiça Militar estadual processar e julgar os militares dos Estados, nos crimes militares definidos em lei e as ações judiciais contra atos disciplinares militares, ressalvada a competência do júri quando a vítima for civil, cabendo ao tribunal competente decidir sobre a perda do posto e da patente dos oficiais e da graduação das praças. (Redação dada pela Emenda Constitucional nº 45, de 2004) (Brasil, 1988)

Nos arts. 42 e 142, a CF de 1988 disciplina os militares estaduais e os militares das Forças Armadas:

> Art. 42. Os membros das Polícias Militares e Corpos de Bombeiros Militares, instituições organizadas com base na hierarquia e disciplina, são militares dos Estados, do Distrito Federal e dos Territórios. (Redação dada pela Emenda Constitucional nº 18, de 1998)
>
> [...]
>
> Art. 142. As Forças Armadas, constituídas pela Marinha, pelo Exército e pela Aeronáutica, são instituições nacionais permanentes e regulares, organizadas com base na hierarquia

> e na disciplina, sob a autoridade suprema do Presidente da República, e destinam-se à defesa da Pátria, à garantia dos poderes constitucionais e, por iniciativa de qualquer destes, da lei e da ordem. (Brasil, 1988)

Portanto, a Marinha, o Exército e a Aeronáutica (ou Força Aérea Brasileira [FAB]) formam as Forças Armadas Brasileiras, subordinadas ao presidente da República (seu chefe supremo), ao passo que as Polícias e os Bombeiros Militares formam as Forças Auxiliares e são subordinadas aos governadores dos estados e do Distrito Federal.

Cada uma das Forças Militares tem, dentro de seus postos, patentes e graduações, a hierarquia a ser guardada. A hierarquia militar é a base da organização das Forças Armadas, das Polícias e dos Corpos de Bombeiros Militares e compõe a cadeia de comando a ser seguida por todos os integrantes das Forças em sua estrutura organizacional.

Nas Forças Armadas, conforme se extrai do sítio do Exército Brasileiro, os maiores postos são de Almirante-de-Esquadra (Marinha), General-de-Exército (Exército) e Tenente-Brigadeiro-do-Ar (Aeronáutica), sendo que os postos de Almirante (Marinha), Marechal (Exército) e Marechal-do-Ar (Aeronáutica) poderão ser providos somente em tempos de guerra.

Figura 1.1 – Insígnias dos maiores postos das Forças Armadas brasileiras

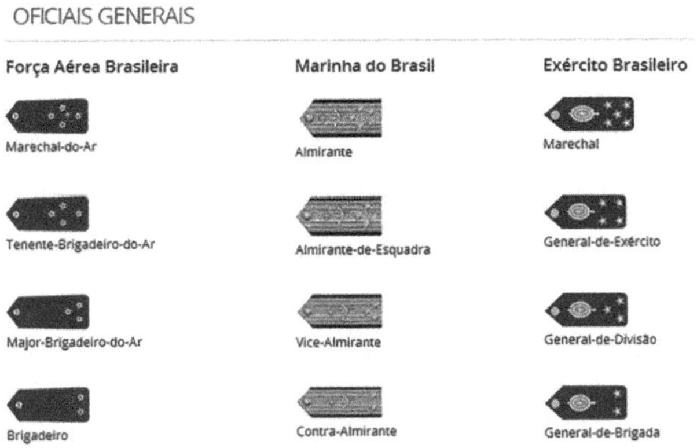

Fonte: Brasil, 2020a.

Nas Forças Militares do Estado do Paraná, por exemplo, o maior posto é de Coronel, seguido do posto de Tenente Coronel e, como terceiro maior posto, o de Major.

Figura 1.2 – Insígnias dos maiores postos da Polícia Militar do Paraná

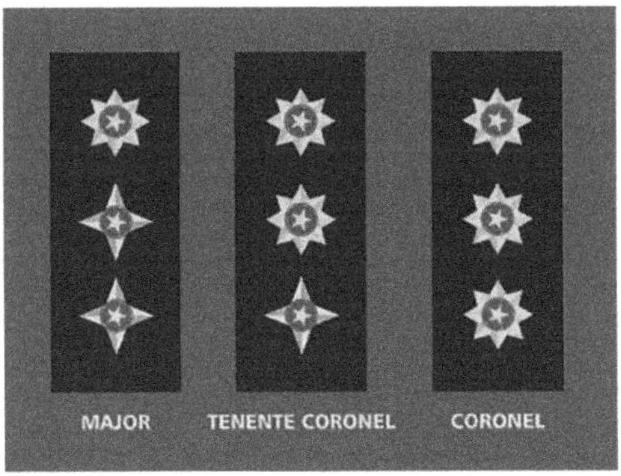

Fonte: Paraná, 2020.

As atribuições precípuas das Forças Armadas são as insculpidas no art. 142 da CF de 1988, quais sejam, a defesa da Pátria, bem como a garantia dos poderes constitucionais e da lei e da ordem.

Às Forças Auxiliares, cada qual regulamentada por lei estadual respectiva, destinam-se, a exemplo da Polícia e dos Bombeiros Militares do Estado do Paraná, conforme dispõe o art. 1º da Lei Estadual n. 16.575, de 28 de setembro de 2010, "à preservação da ordem pública, à polícia ostensiva, à execução de atividades de defesa civil, além de outras atribuições previstas na legislação federal e estadual" (Paraná, 2010).

Exposto o escorço constitucional das Justiças Militares da União e dos Estados, das Forças Armadas e das Forças Auxiliares, passa-se ao estudo específico dos sub-ramos do Direito Militar a iniciar pelo ramo Penal Militar, seguido pelo ramo Processual Penal Militar encerrando com o Administrativo Militar.

— 1.2 —
Projeto de Lei n. 9.432/2017

O Projeto de Lei n. 9.432, de 19 de dezembro de 2017 (Brasil, 2017a), se aprovado pelo Congresso Nacional e promulgado pela Presidência da República, alterará substancialmente o CPM, promulgado em 21 de outubro de 1969, trazendo modernização e compatibilização com a CF de 1988, aproximando-se do que ocorreu com o Código Penal comum ao longo do tempo.

Nesse sentido, o novo texto em discussão acrescenta novos tipos penais, bem como renova o texto, excluindo expressões já em desuso, além de, reiteramos, adequar os dispositivos ao que dispõe a CF de 1988.

Referido Projeto de Lei foi aprovado no dia 26 de novembro de 2019 pela Comissão de Cidadania e Justiça da Câmara dos Deputados e seguirá para debates e votação no plenário e, em seguida, ao Senado Federal.

No entanto, feita essa importante ressalva, por ora estando ainda em trâmite referido projeto de lei, temos que o estudo do ramo penal militar pauta-se pelo vigente Código Penal Militar, e seus termos devem ser interpretados conforme a CF de 1988. É o que veremos nos próximos capítulos.

— 1.3 —
Conceito do direito penal militar e bens jurídicos protegidos

É importante iniciar o estudo do direito penal militar lembrando que se trata de espécie do gênero *direito penal*. Vejamos a Figura 1.3, a seguir.

Figura 1.3 – Espécies do gênero *direito penal*

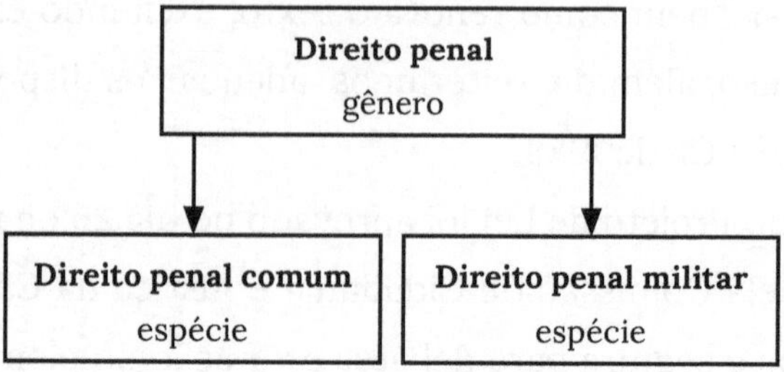

O direito penal comum visa à proteção de bens jurídicos penais, que, *grosso modo*, são aqueles bens essenciais que propiciam a coexistência livre e pacífica dos indivíduos em sociedade.

Igualmente, o direito penal como gênero tem natureza subsidiária, devendo merecer sua interferência somente quando os demais ramos do direito forem incapazes de tutelar os bens jurídicos relevantes aos indivíduos e à sociedade.

É dizer então, em um livre conceito, que o direito penal gênero é a *ultima ratio* do direito que dá "roupagem" penal aos bens jurídicos relevantes não suficientemente tutelados (resguardados) pelos demais ramos, visando à convivência social livre, pacífica e equilibrada, de modo que autoriza o Estado a garantir penalmente tais condições.

Nesse sentido, no ramo penal comum, pela atividade legiferante ordinária, com base nos princípios da reserva legal e da legalidade, elegem-se bens jurídicos a serem tutelados, por exemplo: (a) vida; (b) propriedade; (c) honra; (d) liberdade individual; (e) dignidade sexual, criando-se tipos penais para sua efetiva proteção, respectivamente estabelecidos nestes dispositivos: (a) arts. 121 e seguintes; (b) arts. 155 e seguintes; (c) arts. 138,

139 e 140; (d) arts. 146 e seguintes; (e) arts. 213 e seguintes, todos do Código Penal - Decreto-Lei n. 2.848, de 7 de dezembro de 1940; etc. (Brasil, 1940).

Portanto, no ramo penal comum, cada tipo penal tem um bem jurídico tutelado de forma direta (imediata), descrevendo condutas e cominando penas aos indivíduos violadores.

Ilustrativamente, vejamos: A ceifa a vida de B com uma facada. A cometerá a conduta descrita no tipo penal de homicídio simples prevista no art. 121 do Código Penal: "Art. 121. Matar alguém: Pena - reclusão, de seis a vinte anos" (Brasil, 1940).

Contudo, se A recebeu recompensa (contratado) para ceifar a vida de B, cometerá a conduta de homicídio qualificado descrita no parágrafo 2°, inciso I, do art. 121, Código Penal: "§ 2° Se o homicídio é cometido: I - mediante paga ou promessa de recompensa, ou por outro motivo torpe; [...] Pena - reclusão, de doze a trinta anos" (Brasil, 1940).

Podemos perceber que o legislador ordinário entendeu que certas condutas devem ser punidas de forma mais severa, pois representam maior indiferença ao bem jurídico tutelado.

Outro exemplo de fácil compreensão ocorre no crime de roubo (art. 157 do Código Penal), em que temos as condutas descritas como simples e agravada. O crime de roubo simples consiste na subtração de "coisa móvel alheia, para si ou para outrem, mediante grave ameaça ou violência a pessoa, ou depois de havê-la, por qualquer meio, reduzido à impossibilidade de resistência" e é punido com pena de quatro a dez anos de reclusão e multa (Brasil, 1940). Todavia, ao praticar o roubo, o indivíduo utiliza arma de fogo, incorrerá na figura do crime de roubo agravado (art. 157, § 2º, do Código Penal), que prevê um aumento de 2/3 à pena. Se do roubo resultar lesão corporal grave, a pena será de 7 a 18 anos e multa, e se resultar morte (latrocínio), a pena será de 20 a 30 anos e multa (§ 3º, I e II, do mesmo art. 157).

Por sua vez, e também pela via legislativa, o ramo penal militar tutela bens jurídicos peculiares e de índole constitucional que visam resguardar sempre, seja de forma direta (imediata), seja de forma indireta (mediata), a disciplina e a hierarquia, buscando assegurar a manutenção da regularidade das instituições militares.

É dizer, então, sucintamente, que o ramo penal militar, por meio dos tipos penais previstos no CPM, visa sempre à proteção da regularidade das instituições militares calcadas na hierarquia e na disciplina, que são seus bens jurídicos principais.

Essa premissa é importante para a correta interpretação da Parte Especial do CPM (crimes em espécie), porque existem tipos penais que tutelam de forma direta (imediata) os mesmos bens jurídicos protegidos pelo ramo penal comum, contudo, de forma indireta (mediata), sempre resguardam a regularidade das instituições militares por meio da disciplina e da hierarquia.

Com isso, é possível afirmar que o CPM reúne tipos penais que tutelam bens jurídicos compostos. Vejamos exemplos para melhor compreensão.

Ilustrativamente, o tipo de penal de homicídio previsto no art. 205 do CPM, que é basicamente a transcrição de seu correspondente no Código Penal comum (art. 121), tutela de forma direta o bem jurídico *vida*. Entretanto, como pano de fundo (de forma mediata), visa preservar a regularidade das instituições militares, na medida em que o crime de homicídio é praticado por aqueles que têm o dever de preservar a vida, inclusive sacrificando a própria vida, se necessário for (vide art. 27 da Lei n. 6.880, de 9 de dezembro de 1980 – Estatuto dos Militares). O crime de homicídio praticado por militares infringe frontalmente valores norteadores estabelecidos no art. 27 do Estatuto dos Militares:

> Art. 27. São manifestações essenciais do valor militar:
>
> I – o patriotismo, traduzido pela vontade inabalável de cumprir o dever militar e pelo solene juramento de fidelidade à Pátria até com o sacrifício da própria vida;
>
> II – o civismo e o culto das tradições históricas;
>
> III – a fé na missão elevada das Forças Armadas;
>
> IV – o espírito de corpo, orgulho do militar pela organização onde serve;
>
> V – o amor à profissão das armas e o entusiasmo com que é exercida; e
>
> VI – o aprimoramento técnico-profissional. (Brasil, 1980)

Trata-se de valores inerentes às carreiras militares e decorrentes da disciplina exigida, e os crimes praticados por seus integrantes descreditam suas instituições se não forem rigorosamente investigados, processados e punidos.

Em verdade, a regularidade não pode apenas ser vinculada à condição do agente, mas precisa atender a um critério objetivo-normativo, segundo o qual deve haver o consenso geral, a avaliação de que as Forças Militares são invioláveis, surgindo, pois, a confiabilidade no desempenho de suas missões: volta-se à regularidade (Neves; Streifinger, 2012).

Outro exemplo passível de visualização clara sobre o bem jurídico tutelado pela norma penal militar, neste de forma direta, é o crime previsto no art. 235 do CPM. Inclusive, tal tipificação, em razão de sua redação, suscita discussões e críticas ao reputar-se que o CPM criminalizou o homossexualismo. Explica-se.

O art. 235 trata do crime de pederastia ou outro ato de libidinagem e está alocado no Capítulo dos Crimes Sexuais com a seguinte redação: "Art. 235. Praticar, ou permitir o militar que com ele se pratique ato libidinoso, homossexual ou não, em lugar sujeito a administração militar: Pena – detenção, de seis meses a um ano" (Brasil, 1969a).

Primeiramente, da leitura atenta do dispositivo, percebemos que seu elemento normativo não é a conduta em si, mas sim o lugar em que é praticada. O tipo penal não veda a prática ou o recebimento de ato libidinoso por militares. Veda, sim, tais condutas em lugar sujeito à administração militar, elemento normativo dessa norma.

Em um segundo momento, especificamente à crítica acerca da suposta criminalização do homossexualismo pelo CPM, não prospera nem pode prosperar, haja vista que há previsão expressa "homossexual ou não", o que significa dizer que há vedação das condutas tanto para relações homossexuais quanto heterossexuais em lugar sujeito à administração militar. Logo, concluímos que a efetiva tutela que se busca é a disciplina intramuros, porquanto o elemento normativo do tipo penal é "lugar sujeito a administração militar" restando claro que o objetivo dessa norma jurídica "é a disciplina militar, que será turbada com a promiscuidade no interior da caserna, desestabilizando o regular funcionamento cotidiano da unidade em que o fato ocorreu" (Neves; Streifinger, 2012, p. 67).

A título informativo, em razão das vozes críticas, bem como para modernização e constitucionalização do CPM, no Projeto de Lei n. 9.432, de 19 de dezembro de 2017 (Brasil, 2017a), em trâmite na Câmara dos Deputados e já aprovado pela Comissão de Constituição e Justiça, os termos *pederastia* e *homossexual* foram retirados da redação do art. 235, por não terem sido recepcionados pela CF de 1988.

Com base nos exemplos citados e nas premissas norteadoras destacadas, podemos firmar um livre conceito do *direito penal militar*: é o conjunto de normas que sempre, direta ou indiretamente, tutelará a hierarquia e a disciplina intrínsecas à regularidade das instituições militares primordial à permanência das Forças Armadas e Forças Auxiliares no cumprimento de suas atribuições constitucionais.

Fixadas as premissas norteadoras do direito penal militar, passamos ao estudo do CPM em seus artigos mais relevantes e peculiares à vida militar.

Capítulo 2

Ramo penal militar: Parte Geral do Código Penal Militar

O ramo penal militar é um ramo autônomo do direito, tendo suas normas muito bem definidas e destinadas a proteger a disciplina e a hierarquia, seus bens jurídicos essenciais, contudo, não exclui a aplicação de conceitos e institutos do ramo penal comum quando houver omissão na normativa penal militar e desde que não contrarie ou desnature a natureza dos bens jurídicos protegidos.

Nesse sentido, todo o conhecimento adquirido sobre os institutos e os conceitos do ramo penal comum será aproveitado, guardadas as compatibilidades, e facilitará a devida compreensão das peculiaridades que circundam o ramo penal militar, conforme ensina Nucci (2019, p. 99) ao aduzir que "pode-se dar autonomia plena ao direito penal militar, sem se olvidar da interligação com o direito penal comum – ao menos em suas premissas gerais".

O ramo penal militar é muito semelhante ao ramo penal comum, residindo diferenças pontuais em algumas teorias e princípios em função da especialidade e finalidade das funções militares.

Aqui, daremos maior ênfase para as teorias e os princípios que se aplicam exclusivamente ao ramo penal militar, traçando, quando necessário, parâmetros com a legislação penal comum, de modo a facilitar a compreensão baseada naquilo que já foi estudado na grade curricular do curso de Direito.

Para iniciar, vale destacar que o conhecimento topográfico do Código Penal Militar (CPM) facilita sobremaneira seu manuseio.

Assim, o CPM divide-se em Parte Geral e Parte Especial. A Parte Geral é composta de livro único, seguido de títulos e capítulos e trata de toda teoria para a exata aplicação da legislação penal material (arts. 1º ao 135). A Parte Especial, por sua vez, é composta de dois livros, cabendo ao Livro I tratar dos crimes em espécie em tempos de paz (arts. 136 ao 182) e, ao Livro II, dos crimes em espécie em tempos de guerra (arts. 183 ao 410).

Todo o norte para a devida interpretação da legislação penal militar está nele contido, indicando os requisitos para a devida identificação das circunstâncias que configurarão crimes propriamente ou impropriamente militares, quem são os agentes (militares ativos, da reserva, reformados ou o civil), quem são as vítimas (militares ou civis), se o crime atinge a instituição militar etc.

— 2.1 — Princípios aplicáveis

Como já destacamos, o direito penal gênero é a última *ratio* dos ramos do direito, cabendo a ele dispor sobre as condutas típicas (tipos penais) e as penas cominadas *in abstrato* via atividade legiferante do Congresso Nacional, as quais, respeitado o devido processo legal (ampla defesa e contraditório), são aplicadas com a observância das normas processuais penais, efetivando as condenações impostas.

Sabemos, ainda, que o único legitimado a exercer o poder punitivo é o Estado, por meio de suas instituições competentes, rechaçada, de plano, qualquer ideia de vingança privada.

Nessa senda, cabendo ao Estado o monopólio do poder punitivo, é de suma importância que haja freios, e estes encontram-se nos princípios insculpidos na Constituição Federal (CF) de 1988 e na legislação infraconstitucional.

Entre os vários princípios, podemos citar o da intervenção mínima, o da insignificância, o da culpabilidade, o da humanidade, além do **princípio da legalidade**, que se destaca como ponto de partida para qualquer possibilidade de condenação e imposição de pena, estando expressamente grafado no art. 1º do CPM: "Não há crime sem lei anterior que o defina, nem pena sem prévia cominação legal" (Brasil, 1969a), bem como na CF de 1988 em seu art. 5º, inciso XXXIX:

> Art. 5º Todos são iguais perante a lei, sem distinção de qualquer natureza, garantindo-se aos brasileiros e aos estrangeiros residentes no País a inviolabilidade do direito à vida, à liberdade, à igualdade, à segurança e à propriedade, nos termos seguintes:
>
> [...]
>
> XXXIX – não há crime sem lei anterior que o defina, nem pena sem prévia cominação legal; (Brasil, 1988)

Em uma singela, mas acertada, interpretação, é dizer que somente haverá crime e consequente aplicação de pena (abrangendo também as medidas de segurança) se houver um tipo penal expresso que defina conduta como crime e a ela corresponda uma pena (para os imputáveis = capacidade de entendimento e autodeterminação) ou medida de segurança (para os semi-inimputáveis e inimputáveis).

O princípio da legalidade é aplicável a toda legislação penal, mas especificamente em se tratando dos militares garante-lhes a segurança jurídica de conhecer as condutas reputadas como crimes a partir do momento que passem a expressamente constar no CPM e nas legislações penais extravagantes. Cabe aqui reforçar a ressalva já feita acerca da Lei n. 13.491, de 13 de outubro de 2017. Antes dela, crimes militares eram somente aqueles previstos no CPM ou com igual previsão no Código Penal comum. Após sua entrada em vigor, todos os crimes previstos na legislação penal passaram a integrar a categoria dos crimes impropriamente militares se e quando praticados nas circunstâncias previstas no art. 9° do CPM (Brasil, 2017b).

Esse dispositivo (art. 9° do CPM) é, sem a menor dúvida, o ponto-chave para a exata compreensão e aplicação de toda sistemática penal e processual penal militar. Importante destaque também precisa ser feito com relação às transgressões militares, que em nada se confundem com crimes militares, sendo solucionadas pelo ramo administrativo militar mediante procedimentos administrativos próprios para apuração e aplicação de sanção se for o caso. Igualmente, importa saber que cada instituição militar tem seu procedimento administrativo, conforme abordaremos no capítulo específico.

Do princípio da legalidade decorrem três subprincípios que o robustecem e fornecem segurança jurídica a todos os jurisdicionados militares, quais sejam: o da reserva legal (ou estrita legalidade); o da anterioridade da lei penal; e o da taxatividade.

O **princípio da reserva legal**, ou estrita legalidade, diz respeito à competência privativa da União para legislar sobre matéria penal nos termos do art. 22, inciso I, da CF de 1988.

É dizer que qualquer conduta criminosa e a respectiva pena somente podem ser criadas pela atividade legiferante do Parlamento Federal, representante legítimo da vontade do povo para descobrir os bens jurídico-penais a serem tutelados, por meio de lei ordinária.

Aqui, um questionamento pode surgir: lei penal pode ser criada por lei complementar? Por dedução lógica, sim. Para aprovação de lei ordinária, exige-se votação da maioria simples (art. 47 da CF de 1988), significando a necessidade de metade dos votos e de mais um dos integrantes presentes na respectiva sessão de votação; para aprovação de lei complementar, exige-se votação pela maioria absoluta (art. 69 da CF de 1988), o que significa dizer a metade da totalidade dos integrantes da respectiva Casa Legislativa e mais um.

Nesse passo, se, para aprovação de uma lei penal, exige-se um procedimento mais simplificado, então, também pode ser aprovada mediante procedimento mais rígido. Contudo, usualmente, até mesmo pelas vicissitudes que circundam os interesses diretos e indiretos na criação de leis penais, adota-se, pela maior simplicidade, o procedimento específico previsto na CF de 1988.

Por sua vez, o **princípio da anterioridade da lei penal** mostra-se de grande relevância, pois visa impedir que qualquer conduta criminalizada pelo Estado retroaja para punir fatos que não se traduziam em crimes. Em outras palavras, garante prévia ciência aos destinatários quanto aos comportamentos definidos como ilícitos, bem como no que se refere à respectiva reprimenda a eles cominada, permitindo que os jurisdicionados, tratando-se de norma penal incriminadora, optem por infringi-la ou não.

E, pelo **princípio da taxatividade**, exige-se que a conduta incriminada seja descrita com clareza, inadmitindo-se expressões vagas e imprecisas. Portanto, as leis penais devem estar aptas a demonstrar, de modo expresso, qual o núcleo da conduta típica e quais consequências serão sentidas pelos transgressores, garantindo segurança jurídica a todos os cidadãos.

Como dito, a legalidade e seus subprincípios (reserva legal, anterioridade da lei penal e taxatividade) são delimitadores do poder estatal, que estabelecem margens para a atuação do poder punitivo estatal nos limites do Estado Democrático de Direito.

— 2.2 — Aplicação da lei penal

Os arts. 2º, 3º e 4º do CPM tratam da aplicação da lei penal militar tempo. Significa dizer que dispõem sobre qual norma penal militar será aplicada à conduta típica praticada.

Para fins de compreensão exata, o CPM adotou a **teoria do *tempus regit actum***, que prevê a aplicação da norma penal militar vigente ao tempo da prática da conduta típica.

Com base nessa premissa, a aplicação da lei penal militar, que se inicia pelo art. 2º, trata da lei supressiva incriminadora. É a chamada *abolitio criminis*, que tem igual previsão no Código Penal comum, contudo, com uma ressalva importante em sua parte final, conforme destaque senão vejamos: "Art. 2° Ninguém pode ser punido por fato que lei posterior deixa de considerar crime, cessando, em virtude dela, a própria vigência de sentença condenatória irrecorrível, **salvo quanto aos efeitos de natureza civil**" (Brasil, 1969a).

Abolitio criminis nada mais é do que a criação e a entrada em vigor de nova lei que deixa de considerar crime determinada conduta, operando-se a extinção da punibilidade do agente quanto aos efeitos penais primários e secundários da sentença condenatória da referida norma penal abolida. É o que diz a primeira parte do art. 2º: "Ninguém pode ser punido por fato que lei posterior deixa de considerar crime [...]" (Brasil, 1969a).

Há a extinção da punibilidade pela retroatividade da lei que descriminaliza a conduta, seja no curso do processo, seja na execução da pena, pela simples razão da retirada da tipicidade de qualquer fato: "Art. 123. Extingue-se a punibilidade: [...] III – pela retroatividade de lei que não mais considera o fato como criminoso" (Brasil, 1969a).

Na sequência, em razão da descriminalização da conduta, prevê-se a cessação de toda e qualquer consequência jurídica, seja no decorrer da ação penal, seja de condenação com trânsito em julgado conforme dicção da segunda parte do art. 2º do CPM: "Cessando, em virtude dela, a própria vigência de sentença condenatória irrecorrível" (Brasil, 1969a).

Todavia, na parte final do dispositivo, o CPM faz ressalva no sentido de que a cessação dos efeitos restringe-se exclusivamente à seara penal militar, subsistindo os efeitos de natureza civil: "Salvo quanto aos efeitos de natureza civil" (Brasil, 1969a), incluindo-se aqui a esfera administrativa, por se tratar de esferas completamente independentes, abrindo-se a possibilidade de o militar ser punido por transgressão disciplinar (excluído da corporação, por exemplo) em procedimento administrativo de apuração disciplinar de licenciamento, mesmo que a conduta não mais configure crime.

No seu parágrafo 1º, o art. 2º trata da **retroatividade de lei mais benigna**, exceção da regra da irretroatividade da lei penal prevista na CF de 1988, no art. 5º, inciso XL: "A lei penal não retroagirá, salvo para beneficiar o réu" (Brasil, 1988). Nesse sentido, assim dispõe o CPM: "Art. 2º [...] § 1º A lei posterior que, de qualquer outro modo, favorece o agente, aplica-se retroativamente, ainda quando já tenha sobrevindo sentença condenatória irrecorrível" (Brasil, 1969a).

Portanto, a regra constitucional é que a lei penal mais gravosa, seja pela criação de uma nova lei penal que criminaliza determinada conduta (*novatio legis incriminadora*), seja pelo agravamento de uma lei penal já existente (*novatio legis in pejus* ou *lex gravior*), jamais retroagirá para agravar (prejudicar) a situação do réu.

Nesse sentido, o parágrafo 1º do art. 2º do CPM traz expressamente a exceção, dispondo que lei posterior mais benéfica (*novatio legis in melius* ou *lex mitior*) sempre retroagirá em benefício do agente, mesmo que se tenha operado o trânsito em julgado de sentença condenatória.

Com base na retroatividade da lei penal mais benéfica, cientes de que a lei que melhore a situação jurídico-penal do réu deve ser aplicada, pode haver o confronto de leis penais e a necessidade de apurar-se a maior benignidade para sua aplicação. É o que prevê o parágrafo 2º do art. 2º do CPM: "§ 2º Para se reconhecer qual a mais favorável, a lei posterior e a anterior devem ser consideradas separadamente, cada qual no conjunto de suas normas aplicáveis ao fato" (Brasil, 1969a).

Para facilitar a compreensão de forma didática, vejamos um exemplo do ramo penal comum.

A Lei n. 11.343, de 23 de agosto de 2006 (Lei de Drogas), revogou a antiga Lei n. 6.368, de 21 de outubro de 1976 (Lei de Tóxicos) e, nessa lei revogada, a pena cominada para o crime de tráfico de drogas (art. 12) era de 3 a 15 anos (Brasil, 1976). A nova e vigente lei (art. 33) agravou a pena mínima cominada para 5 a 15 anos e previu a figura do tráfico privilegiado com a possibilidade de redução de 1/6 a 2/3 a ser procedida na dosimetria da pena pelo juízo sentenciante (Brasil, 2006).

Quadro 2.1 – Comparativo crime de tráfico de drogas

Crime de tráfico de drogas	
Lei n. 6.368/1976 (revogada)	**Lei n. 11.343/2006 (vigente)**
Art. 12 Pena cominada: 3 a 15 anos	Art. 33 Pena cominada: 5 a 15 anos Inclusão do § 4°: tráfico privilegiado – redução de 1/6 a 2/3, desde que primário, de bons antecedentes, não se dedique às atividades criminosas nem integre organização criminosa

Fonte: Elaborado com base em Brasil, 1976; Brasil, 2006.

Diante desse quadro, pensemos em duas hipóteses:

- **1ª hipótese**:
  - prática do crime de tráfico de drogas no ano 2005 na vigência da Lei n. 6.368/1976;
  - agente não primário e com maus antecedentes;
  - sobreveio sentença na vigência da nova Lei de Drogas (Lei n. 11.343/2006).

Qual a lei a ser aplicada? A lei mais benigna para o agente, tendo em vista não reunir os requisitos para fazer jus ao "privilégio" do parágrafo 4º do art. 33 da Lei n. 11.343/2006. Assim, seria aplicada a Lei n. 6.368/1976, tendo em vista que a pena cominada em abstrato é menor, logo, menos gravosa.

- **2ª hipótese**:
  - prática do crime de tráfico de drogas no ano 2005, na vigência da Lei n. 6.368/1976;
  - agente é primário, de bons antecedentes, não integra organização criminosa nem se dedica a atividades criminosas;
  - sobreveio sentença na vigência da nova Lei de Drogas (Lei n. 11.343/2006).

Qual a lei a ser aplicada? Nesse caso, a lei mais benigna para o agente, tendo em vista reunir os requisitos autorizadores da aplicação do "privilégio" previsto no parágrafo 4° do art. 33 da Lei n. 11.343/2006 (diminuição da fração de 1/6 a 2/3). Assim, seria aplicada a nova Lei de Drogas (Lei n. 11.343/2006), tendo em vista que, apesar de a pena cominada em abstrato ser mais gravosa, sua aplicação seria a mais benéfica.

Aqui, uma questão poderá surgir: Seria possível a mescla das duas leis, aplicando-se a parte mais benéfica de ambas concomitantemente? Por exemplo: aplicação do mínimo legal de 3 anos previsto no art. 16 da Lei n. 6.368/1976 e aplicação do parágrafo 4° do art. 33 da Lei n. 11.343/2006?

A resposta é não. A mescla da lei nova com a lei revogada é rechaçada, sob pena de imiscuir-se o Poder Judiciário na função legislativa ao criar, a partir dessa mescla, uma "nova norma jurídica", ferindo o princípio constitucional da separação e independência dos Poderes constituídos da República (art. 2° da CF de 1988).

Esse posicionamento, referente à mescla das leis revogada/vigente de drogas, foi pacificado no Superior Tribunal de Justiça (STJ), com a edição da Súmula n. 501 e, no ano 2013, pelo Plenário do Supremo Tribunal Federal (STF) na apreciação do RExt n. 600.817/MS, de relatoria do Ministro Ricardo Lewandowski, tendo sido vetada, por maioria de votos, a combinação das leis penais.

No mesmo sentido, tratando puramente de mescla de leis penais mais benéficas, em hipótese alguma é permitida a mescla da lei penal militar com a lei penal comum em razão da natureza diversa dos bens jurídicos protegidos por cada norma. É dizer que o ramo penal comum não tutela, em qualquer tipo penal, hierarquia e disciplina na razão de que ao civil não sobrepesa tais obrigações.

Portanto, em suma, quando houver o confronto de leis, é preciso averiguar qual a mais benéfica e aplicá-la em sua totalidade. Ainda, reiteramos, há a completa impossibilidade de mesclar a lei penal militar com a lei penal comum.

O art. 3º do CPM dispõe que "As medidas de segurança regem-se pela lei vigente ao tempo da sentença, prevalecendo, entretanto, se diversa, a lei vigente ao tempo da execução" (Brasil, 1969a).

Conforme exposto em linhas anteriores, para as medidas de segurança também incidem o princípio da legalidade e os subprincípios da reserva legal, da anterioridade e da taxatividade, bem como as regras da retroatividade da lei penal militar mais benéfica e a apuração de lei mais benigna. Portanto, da mesma forma, quando se trata de medidas de segurança, a lei penal que traga condição mais favorável deve retroagir em benefício do réu.

Na sequência e encerrando a aplicação da lei penal militar no tempo, o art. 4º do CPM apresenta a aplicação de lei temporária e lei excepcional, dispondo que "A lei excepcional ou temporária, embora decorrido o período de sua duração ou cessadas as circunstâncias que a determinaram, aplica-se ao fato praticado durante sua vigência" (Brasil, 1969a).

Para compreensão exata dessas aplicações, primeiramente, é importante saber que essas leis (excepcionais e temporárias) continuam tendo eficácia para as condutas praticadas durante sua vigência, mesmo após sua revogação, ainda que sejam mais gravosas. Isso chama-se ***ultratividade gravosa***.

Em um segundo momento, é importante saber que *leis excepcionais* são aquelas promulgadas em condições excepcionais, tais quais calamidades públicas, guerras, revoluções, epidemias, ao passo que *leis temporárias* são as que trazem expressamente seu tempo de vigência. Mas qual a razão de serem aplicadas mesmo após sua revogação? Simples. Se assim não o fosse, seriam completamente inócuas e ineficazes.

Situação clara é trazida pelo próprio CPM no que concerne aos tipos penais aplicáveis ao "tempo de guerra", contidos no Livro II da Parte Especial. Trata-se de lei penal excepcional, ou seja, esses tipos penais somente serão aplicáveis, ainda que automaticamente, no momento da declaração da guerra (vide art. 137, inciso II, da CF de 1988) até seu término.

A exemplo, imaginemos que, no período de guerra, um militar pratique o crime previsto no art. 356[1] do CPM – que descreve a conduta incriminadora de favor(ecer) ao inimigo, cuja pena máxima é de morte – e que, com sua conduta, proporcione a aniquilação de inúmeros civis brasileiros.

Preso, terá direito ao devido processo legal, com todos os recursos e as garantias a ele inerentes, para, ao fim, ter-se decretada sua pena, que poderá partir de 20 anos de reclusão como mínima até a pena de morte como máxima. Nesse ínterim, encerra-se a guerra e automaticamente revoga-se a lei excepcional.

Do ponto de vista dos valores militares, bem como dos próprios valores patrióticos, a conduta do agente militar é extremamente grave e, justamente por essa razão, é punível com a imposição de pena de morte.

Caso inexistisse a regra da ultratividade da lei mais gravosa, aos efeitos da conduta do militar implicaria a extinção de sua punibilidade, pois tão somente há a previsão legal da conduta incriminadora de favor(ecer) ao inimigo em tempos de guerra.

Em outras palavras, é dizer que todos os crimes praticados na vigência de uma lei excepcional ou temporária somente seriam efetivamente punidos se processados e julgados durante sua vigência. Contudo, a depender da validade da lei (geralmente não se estendem por longo período), isso mostra-se faticamente

---

1 "**Favor ao inimigo** – Art. 356. Favorecer ou tentar o nacional favorecer o inimigo, prejudicar ou tentar prejudicar o bom êxito das operações militares, comprometer ou tentar comprometer a eficiência militar: [...] Pena-morte, grau máximo; reclusão, de vinte anos, grau mínimo." (Brasil, 1969a, grifo do original)

impossível, em razão da existência de imensa gama de recursos e regras procedimentais de processamento pautados pelo devido processo legal.

Em virtude disso, aos atos praticados na vigência das leis excepcionais e temporárias aplicam-se seus termos mesmo após sua revogação.

Na sequência, o art. 5º do CPM trata do **tempo do crime**, dispondo que será considerado praticado o crime no momento da ação ou omissão, ainda que o momento do resultado seja outro (Brasil, 1969a). É tema de singular relevância para determinar, entre outros efeitos, a imputabilidade do agente; fixar as circunstâncias do tipo penal para aferição da dosimetria da pena; e fixar marco para início da prescrição.

Para sua identificação, o CPM adotou a **teoria da ação ou da atividade**, que considera momento do crime aquele da ação ou da omissão, ainda que o resultado se concretize em outro momento.

> Adotando-se essa teoria, se houver, por exemplo, um homicídio (crime material), o mais importante é detectar o instante da ação (desfecho dos tiros), e não o momento do resultado (ocorrência da morte). Assim fazendo, se o autor dos tiros for menor de 18 anos à época dos tiros, ainda que a vítima morra depois de ter ele completado a maioridade penal, não poderá responder pelo delito. (Nucci, 2014, p. 34)

Ressalva importante devemos fazer sobre a aplicação dessa regra (da teoria da ação ou atividade) quando estiverem sob enfoque crimes permanentes (crimes que se prolongam pelo tempo, ex.: sequestro, art. 225 do CPM) ou continuados (ficção jurídica que beneficia o réu que cria unidade delituosa nos termos do art. 80 do CPM), sendo considerado tempo do crime todo o período em que se perpetue a atividade delituosa.

Como exemplo, imaginemos que um agente menor de 18 anos, portanto inimputável, inicia a conduta criminosa de privar alguém de sua liberdade mediante sequestro e, no terceiro dia do fato delitivo, completa a maioridade. Qual a consequência jurídico-penal? Pela teoria da ação ou atividade, será considerado imputável penalmente. Igual raciocínio aplica-se ao crime continuado, ficção jurídica que transmuda em uma unidade delitiva as condutas do agente que, segundo o art. 80 do CPM, "mediante mais de uma ação ou omissão, pratica dois ou mais crimes da mesma espécie e, pelas condições de tempo, lugar, maneira de execução e outras semelhantes, devem os subsequentes ser considerados como continuação do primeiro", considerando-se aplicável a lei do momento em que cessar a continuação (Brasil, 1969a).

Por sua vez, o art. 6° do CPM visa fixar elementos para determinação do lugar do crime. Trata-se de instituto de suma importância, pois se dedica a garantir a competência da Justiça brasileira no processamento e no julgamento de crimes militares que passem pelo território brasileiro (ação/omissão ou resultado).

Para tanto, o CPM, diferentemente do Código Penal comum, adotou duas teorias que resguardam o interesse punitivo da Justiça brasileira nos crimes militares. Vejamos:

1. Para os crimes comissivos, o CPM adotou a **teoria da ubiquidade**, segundo a qual se considera local do crime tanto o lugar onde se deu a ação quanto o lugar em que o resultado ocorreu.
2. Para os crimes omissivos, o CPM adotou a **teoria da ação ou da atividade**, para a qual se considera crime somente o lugar onde se deu ou deveria se dar a ação, e não o lugar do resultado.

A adoção da teoria da ação ou da atividade para os crimes militares omissivos é indispensável, já que, em algumas situações, os resultados da conduta omissiva podem ser produzidos no exterior. Como exemplo, citamos o crime de deserção, previsto no art. 188, inciso I, do CPM, que prevê a conduta de não se apresentar o militar no lugar designado, dentro de oito dias, findo o prazo de trânsito ou férias. Desse modo, se o militar estiver fora do Brasil, a conduta omissiva (não se apresentar) se consumará no exterior, mas, em razão dos bens jurídicos protegidos pela norma penal militar (hierarquia e disciplina) e do interesse da Força Armada afetada, a repercussão se dá no território brasileiro, de modo que será resguardada a competência da Justiça Militar brasileira para o processamento e o julgamento desse militar, em virtude da adoção da teoria da ação ou da atividade para os crimes omissivos.

No que tange à aplicação da **lei penal militar no espaço**, o art. 7º do CPM traz critérios para identificarmos qual será lei aplicável ao caso concreto. Didaticamente, falamos dos princípios da territorialidade e extraterritorialidade.

O CPM adotou, como regra, estes dois princípios:

1. **Territorialidade temperada** - Para fatos (crimes militares) ocorridos dentro do território brasileiro, incidirá a lei penal militar brasileira, obviamente ressalvada a possibilidade, e por conta disso diz-se *temperada*, de incidirem convenções, tratados e regras de direito internacional das quais o Brasil for signatário.
2. **Extraterritorialidade incondicionada** - Para fatos (crimes militares) ocorridos fora do território brasileiro, incidirá igualmente a lei penal militar brasileira, ainda que o militar esteja sendo processado ou tenha sido condenado pela justiça estrangeira. Por essa razão, diz-se *incondicionada*. O parágrafo 1° do art. 7° prevê a equiparação do território brasileiro às aeronaves e aos navios sob comando militar onde quer que estejam. Igualmente, equiparam-se ao território brasileiro as aeronaves e os navios estrangeiros, desde que em lugar sujeito à administração militar e que o crime atente contra instituições militares.

A adoção pelo CPM dos dois princípios como regra, diferentemente do Código Penal comum, que, como regra adotou o princípio da territorialidade e, excepcionalmente, o da extraterritorialidade, tem uma razão: as Forças Armadas brasileiras por não poucas vezes atuaram em missões pelo mundo e, hodiernamente, é comum a movimentação para o estrangeiro para suporte e apoio a países atingidos por crises institucionais e sociais ou, até mesmo, por catástrofes naturais, na defesa da paz, com base na cooperação entre os povos na busca de solução pacífica de conflitos. Um exemplo foi a missão de paz no Haiti, que teve duração de 13 anos (2004 a 2017), com efetiva participação das tropas militares brasileiras, que tiveram posição de comando nas ações desenvolvidas nesse período. Dessa maneira, a lei penal militar brasileira sempre será aplicável aos crimes militares, ainda que cometidos no estrangeiro e mesmo que o agente lá seja processado, ressalvadas a existência de acordos ou tratados internacionais em sentido diverso e dos quais o Brasil seja signatário.

Nesse sentido, havendo a possibilidade jurídica de dupla apenação – no estrangeiro e aqui –, para evitar *bis in idem* (dupla punição pelo mesmo fato criminoso) ou minimamente atenuá-lo, o art. 8° do CPM dispõe: "A pena cumprida no estrangeiro atenua a pena imposta no Brasil pelo mesmo crime, quando diversas, ou nela é computada, quando idênticas" (Brasil, 1969a).

Feito o apanhado desses institutos, com o conhecimento dessas premissas básicas aqui expostas, podemos afirmar que o leitor agora está apto a identificar e aplicar a lei penal militar de forma segura.

— 2.3 —
Crimes militares em tempos de paz

O art. 9° do CPM é o coração do ramo penal militar. É nesse dispositivo que estão expressas todas as circunstâncias que, se praticados ilícitos, configurarão crimes militares em tempos de paz.

Trata-se de questão complexa, cujo conhecimento é fundamental para a aplicação exata da lei material e substantiva militar, já que suscita dúvidas, na medida em que existem crimes militares que têm igual correspondência no Código Penal comum e que, a partir da Lei n. 13.491/2017, todo e qualquer crime previsto na legislação penal, a depender justamente da análise das circunstâncias previstas nesse artigo, podem ganhar roupagem penal militar.

Evidenciaremos que as circunstâncias expressas em rol taxativo, em que pese insertas no CPM, portanto de natureza penal (material), contêm normatividade processual (substantiva), visto que fixam competência da Justiça Militar (da União ou estadual) ou do Tribunal do Júri nos crimes dolosos contra a vida de civil cometidos por militares, conforme veremos.

Rapidamente relembrando, o CPM, tal qual o Código Penal comum, adotou a **teoria tripartite**, segundo a qual, para configuração de crime, o fato deve ser típico, ilícito (ou antijurídico) e culpável. Portanto, analisando a *contratio sensu*, para que não haja crime, o fato precisa estar enquadrado em uma das hipóteses das excludentes de tipicidade, ilicitude ou culpabilidade.

Compreendida a teoria adotada pelo CPM para fins de configuração do crime militar, há, em relação a ele, classificações que necessariamente precisam ser conhecidas, em razão das diferentes consequências jurídicas que delas podem decorrer.

A classificação do crime militar é de grande importância e suscita grande divergência e discussão na doutrina. A despeito de vozes autorizadas defenderem critérios outros, como Cícero Robson Coimbra Neves, o critério que emerge e confere segurança jurídica e interpretativa é o critério *ex vi legis*, ou seja, aquele que emana da lei e, no caso do CPM, porque nele se encontram as balizas configuradoras.

Objetivamente, a doutrina distingue os crimes militares da seguinte forma:

- **Crime propriamente militar**: é aquele que contém previsão no CPM. Por exemplo: deserção (art. 187 do CPM); insubordinação (art. 163 do CPM); abandono de posto (art. 195 do CPM).
- **Crime impropriamente militar**: é aquele que encontra igual previsão no Código Penal comum (por exemplo: crime de homicídio) e, agora, conforme a seguir se verá, em toda legislação penal, por força da Lei n. 13.491/2017, ou seja, os chamados *crimes militares por extensão.*

Observação que precisa ser feita é que somente militares podem figurar como agentes ativos nos crimes propriamente militares. Um civil, por exemplo, jamais poderá ser sujeito ativo do crime de insubordinação (art. 163 do CPM), que consiste na conduta de recusar obedecer à ordem do superior por inexistir relação de hierarquia e disciplina com um capitão do Exército Brasileiro.

Sobre essa classificação, vejamos o que diz a jurisprudência do STJ, respectivamente, no *Habeas Corpus* n. 166.673/PR e no Recurso Ordinário em *Habeas Corpus* n. 41.251/GO:

> O peculato é previsto tanto do Código Penal quanto do Código Penal Militar, caracterizando-se, por isso, como crime militar impróprio. (Brasil, 2013a)
>
> Os crimes de tentativa de homicídio qualificado, resistência qualificada e roubo caracterizam-se como impropriamente militares, já que constituem infrações penais que podem ser praticadas por qualquer pessoa, seja ela civil ou militar, estando previstas no Código Penal Militar porque lesionam bens ou interesses militares, motivo pelo qual se deve verificar a presença de alguma das situações elencadas nas alíneas do inciso II do artigo 9.º do citado diploma legal. (Brasil, 2013b)

A suscitada importância na distinção e na identificação da natureza dos crimes militares reside no fato relevante de que o cometimento de crimes propriamente militares pode conduzir à detenção (leia-se: *prisão*) do militar durante o inquérito policial militar (IPM), independentemente de flagrante delito e sem mandado judicial, conforme dispõe o art. 5º, inciso LXI, da CF de 1988 e art. 18 do Código de Processo Penal Militar (CPPM) – Decreto-Lei n. 1.002, de 21 de outubro de 1969 –, respectivamente a seguir transcritos:

> Art. 5º [...]
>
> [...]
>
> LXI–ninguém será preso senão em flagrante delito ou por ordem escrita e fundamentada de autoridade judiciária competente, salvo nos casos de transgressão militar ou crime propriamente militar, definidos em lei; (Brasil, 1988)
>
> **Detenção de indiciado**
>
> Art. 18. Independentemente de flagrante delito, o indiciado poderá ficar detido, durante as investigações policiais, até trinta dias, comunicando-se a detenção à autoridade judiciária competente. Esse prazo poderá ser prorrogado, por mais vinte dias, pelo comandante da Região, Distrito Naval ou Zona Aérea, mediante solicitação fundamentada do encarregado do inquérito e por via hierárquica. (Brasil, 1969b, grifo do original)

E, nos crimes propriamente militares, como consequência há o prosseguimento da ação penal militar, ainda que o agente venha a perder a condição de militar. Assim decidiu o Superior Tribunal Militar (STM) no *Habeas Corpus* n. 0000012-31.2017.7.00.0000:

> HABEAS CORPUS. CRIME DE DESERÇÃO. PRÁTICA DE NOVA DESERÇÃO NO CURSO DA PRIMEIRA. PERDA DO STATUS DE MILITAR. PEDIDO DE SOBRESTAMENTO DO FEITO. CONDIÇÃO DE PROSSEGUIBILIDADE. ORDEM DENEGADA. MAIORIA. 1. Writ que se volta contra o prosseguimento da Ação Penal Militar em curso na 2ª Auditoria da 3ª CJM, anteriormente sobrestado em virtude da perda da condição de militar

> do Paciente. 2. A condição de procedibilidade está associada ao início da ação penal, indispensável para o recebimento da denúncia, ao passo que a condição de prosseguibilidade relaciona-se ao seu prosseguimento-regular processamento até a decisão final. 3. A condição de militar é exigida, tão somente, no momento da instauração da ação penal militar, nos termos dos parágrafos e caput do art. 457 do CPPM. Não há exigência legal da manutenção do status de militar para o prosseguimento da ação, até o seu término, nos crimes propriamente militares. 5. Ordem conhecida, por unanimidade, e denegada por maioria. (Brasil, 2017d)

Fixadas essas premissas importantes, iniciamos, agora, o estudo propriamente dito do art. 9º do CPM, em suas circunstâncias dispostas em rol taxativo, ou seja, não há no ordenamento jurídico pátrio outro dispositivo que acrescente circunstâncias a ele ou limite-as. Vejamos quais são:

> Art. 9º. Consideram-se crimes militares, em tempo de paz:
>
> I – os crimes de que trata este Código, quando definidos de modo diverso na lei penal comum, ou nela não previstos, qualquer que seja o agente, salvo disposição especial;
>
> II – os crimes previstos neste Código e os previstos na legislação penal, quando praticados: (Redação dada pela Lei nº 13.491, de 2017)
>
> a) por militar em situação de atividade ou assemelhado, contra militar na mesma situação ou assemelhado;

b) por militar em situação de atividade ou assemelhado, em lugar sujeito à administração militar, contra militar da reserva, ou reformado, ou assemelhado, ou civil;

c) por militar em serviço ou atuando em razão da função, em comissão de natureza militar, ou em formatura, ainda que fora do lugar sujeito à administração militar contra militar da reserva, ou reformado, ou civil; (Redação dada pela Lei nº 9.299, de 8.8.1996)

d) por militar durante o período de manobras ou exercício, contra militar da reserva, ou reformado, ou assemelhado, ou civil;

e) por militar em situação de atividade, ou assemelhado, contra o patrimônio sob a administração militar, ou a ordem administrativa militar;

f) revogada. (Redação dada pela Lei nº 9.299, de 8.8.1996)

III – os crimes praticados por militar da reserva, ou reformado, ou por civil, contra as instituições militares, considerando-se como tais não só os compreendidos no inciso I, como os do inciso II, nos seguintes casos:

a) contra o patrimônio sob a administração militar, ou contra a ordem administrativa militar;

b) em lugar sujeito à administração militar contra militar em situação de atividade ou assemelhado, ou contra funcionário de Ministério militar ou da Justiça Militar, no exercício de função inerente ao seu cargo;

c) contra militar em formatura, ou durante o período de prontidão, vigilância, observação, exploração, exercício, acampamento, acantonamento ou manobras;

d) ainda que fora do lugar sujeito à administração militar, contra militar em função de natureza militar, ou no desempenho de serviço de vigilância, garantia e preservação da ordem pública, administrativa ou judiciária, quando legalmente requisitado para aquele fim, ou em obediência a determinação legal superior.

Parágrafo único. Os crimes de que trata este artigo, quando dolosos contra a vida e cometidos contra civil, serão da competência da justiça comum. (Parágrafo incluído pela Lei nº 9.299, de 8.8.1996)

Parágrafo único. Os crimes de que trata este artigo quando dolosos contra a vida e cometidos contra civil serão da competência da justiça comum, salvo quando praticados no contexto de ação militar realizada na forma do art. 303 da Lei nº 7.565, de 19 de dezembro de 1986–Código Brasileiro de Aeronáutica. (Redação dada pela Lei nº 12.432, de 2011)

§ 1º Os crimes de que trata este artigo, quando dolosos contra a vida e cometidos por militares contra civil, serão da competência do Tribunal do Júri. (Redação dada pela Lei nº 13.491, de 2017)

§ 2º Os crimes de que trata este artigo, quando dolosos contra a vida e cometidos por militares das Forças Armadas contra civil, serão da competência da Justiça Militar da União, se praticados no contexto: (Incluído pela Lei nº 13.491, de 2017)

I – do cumprimento de atribuições que lhes forem estabelecidas pelo Presidente da República ou pelo Ministro de Estado da Defesa; (Incluído pela Lei nº 13.491, de 2017)

> II – de ação que envolva a segurança de instituição militar ou de missão militar, mesmo que não beligerante; ou (Incluído pela Lei nº 13.491, de 2017)
>
> III – de atividade de natureza militar, de operação de paz, de garantia da lei e da ordem ou de atribuição subsidiária, realizadas em conformidade com o disposto no art. 142 da Constituição Federal e na forma dos seguintes diplomas legais: (Incluído pela Lei nº 13.491, de 2017)
>
> a) Lei nº 7.565, de 19 de dezembro de 1986–Código Brasileiro de Aeronáutica; (Incluída pela Lei nº 13.491, de 2017)
>
> b) Lei Complementar no 97, de 9 de junho de 1999; (Incluída pela Lei nº 13.491, de 2017)
>
> c) Decreto-Lei no 1.002, de 21 de outubro de 1969–Código de Processo Penal Militar; e (Incluída pela Lei nº 13.491, de 2017)
>
> d) Lei no 4.737, de 15 de julho de 1965 – Código Eleitoral. (Incluída pela Lei nº 13.491, de 2017) (Brasil, 1969a)

Pois bem, reiteramos o teor do inciso I do art. 9º: "os crimes de que trata este Código, quando definidos de modo diverso na lei penal comum, ou nela não previstos, qualquer que seja o agente, salvo disposição especial" (Brasil, 1969a). Informa, portanto, que serão crimes militares: (a) aqueles com correspondência na legislação penal comum; (b) os que tenham exclusiva previsão no CPM e; (c) os que podem ser cometidos por qualquer agente.

Didaticamente, trata a primeira parte dos tipos penais previstos no CPM que têm previsão diversa na legislação penal comum.

A segunda parte trata dos crimes militares que têm previsão exclusiva no CPM, não havendo correspondente na legislação penal comum (por exemplo: art. 183 – insubmissão; e art. 157 – violência contra superior).

E a parte final, ao referir-se que o crime militar pode ser praticado por "qualquer que seja o agente", dispõe que até mesmo um civil pode sê-lo (Brasil, 1969a). Todavia, conforme veremos nas questões atinentes à competência das Justiças Militares da União e dos estados, o civil autor de crime militar somente poderá ser processado perante a Justiça Militar da União, por disposição expressa do art. 125, parágrafo 4°, da CF de 1988 e tendo em vista que as Justiças Militares estaduais somente têm competência para processar e julgar militares estaduais.

O inciso II do art. 9° sofreu significativas alterações em sua redação pela Lei n. 13.491/2017, que ampliou substancialmente a competência da Justiça Militar. Veja-se, novamente, a influência processual penal militar dentro do *codex* penal militar.

Antes das alterações promovidas pela Lei n. 13.491/2017, eram crimes militares aqueles previstos no CPM ou com igual correspondência no Código Penal comum. Com sua entrada em vigor, a redação do inciso II do art. 9° passou a antever que todos os crimes previstos na legislação penal pátria (Código Penal comum e leis penais especiais) tenham potencial possibilidade de configurarem crimes militares se ocorridos dentro das circunstâncias previstas nas alíneas "a" a "e" desse dispositivo.

Como exemplo de aplicação do inciso II do art. 9°, podemos imaginar que um policial militar em serviço cometa dois crimes: um crime de concussão previsto no art. 305 do CPM e um crime de tortura previsto na Lei n. 9.455/1997.

Antes da alteração promovida pela Lei n. 13.491/2017, o crime de concussão previsto no art. 305 do CPM seria processado e julgado na Justiça Militar estadual, por expressamente constar do CPM. Todavia, o crime de tortura previsto na Lei n. 9.455/1997, lei penal especial, seria processado e julgado na Justiça Comum, segundo a regra de que crimes militares seriam somente aqueles previstos no CPM ou com igual correspondência no Código Penal comum.

Com as alterações promovidas pela referida lei, ambos os crimes seriam julgados pela Justiça Militar estadual, de acordo com a nova redação dada ao inciso II, que passou a prever a expressão "os crimes previstos neste Código e os previstos na legislação penal" (Brasil, 2017b). E assim ocorrerá com todas as leis penais especiais (extravagantes), a exemplo da Lei de Licitações (Lei n. 8.666/1993); do Estatuto da Criança e do Adolescente (Lei n. 8.069/1990); da Lei de Organização Criminosa (Lei n. 12.850/2013) etc.

Nesse sentido, o Tribunal de Justiça Militar de São Paulo assim se posicionou no Recurso Inominado n. 0003140-04.2018.9.26.0010:

> A partir da vigência da citada Lei n° 13.491 estendeu-se a classificação de "crime militar" não só aos crimes previstos no Código Penal Militar, mas TAMBÉM àqueles previstos na

> "legislação penal" (entenda-se aqui legislação penal esparsa), desde que, estes últimos, seja praticados nas hipóteses previstas no mesmo artigo 9°, por óbvio. (São Paulo, 2019)

Ainda com relação à alteração promovida pela referida lei, detalhe importante se verifica em sede de questões atinentes à natureza procedimental administrativa e processual. Todos os inquéritos policiais de presidência dos delegados de Polícias Civil ou Federal e ações penais que tramitavam perante a Justiça Federal ou Justiças Comuns dos estados em que figurassem militares como investigados ou réus, pelo cometimento de crimes em circunstâncias que lhes davam natureza militar, mas eram somente previstos em legislações penais extravagantes, após entrada em vigor de referida lei, tiveram a atribuição e a competência deslocadas para a autoridade de Polícia Judiciária Militar e para a Justiça Militar para continuidade, respectivamente, do inquérito policial (agora, inquérito policial militar) e do processamento da ação penal (agora, ação penal militar).

Antes de adentrarmos às circunstâncias previstas no inciso II do art. 9°, frisamos que todas elas se referem a militares da *ativa* em acepção ampla, abarcando militares **em situação de atividade** (ainda que estejam de férias, de licença, de dispensa etc.) e **de serviço** (em escala de serviço, didaticamente, "trabalhando").

No entanto, não podemos confundir *militar em situação de atividade* com *militar de serviço*: "As expressões não se equivalem. Aliás, muito longe disso, a segunda se insere dentro da primeira. Ou seja, o militar em situação de atividade pode, ou não, estar de serviço. Assim como pode, ou não, estar de folga (período compreendido entre uma escala de serviço e outra)" (São Paulo, 2019).

Em suma, a situação de atividade inicia-se com a incorporação e encerra-se com a exclusão do militar da força a qual pertença ou para a condição de inatividade.

Pois bem, a alínea "a" do inciso II do art. 9º do CPM trata da previsão de configuração de crimes militares cometidos "por militar em situação de atividade [da ativa] ou assemelhado, contra militar na mesma situação ou assemelhado" (Brasil, 1969a).

Uma primeira nota importante referente a essa alínea é com relação à figura do *assemelhado*, prevista no art. 21[2] do CPM, que não mais existe e deve ser desconsiderada. Vejamos.

Efetivamente, essa circunstância trata dos crimes militares cometidos por militares da ativa contra militar da ativa e, para sua exata aplicação, é preciso delimitar o conceito de *militar*. Tal conceito é fornecido pelo próprio CPM, em seu art. 22: "É considerada militar, para efeito da aplicação deste Código, qualquer pessoa que, em tempo de paz ou de guerra, seja incorporada às forças armadas, para nelas servir em posto, graduação, ou sujeição à disciplina militar" (Brasil, 1969a), incluídos aqui os militares das Forças Armadas e os Policiais e Bombeiros Militares (arts. 42 e 125, § 4º, da CF de 1988). Ainda, há de se saber também que, conforme o art. 12 do CPM, equiparam-se aos militares

---

2 "Art. 21. Considera-se assemelhado o servidor, efetivo ou não, dos Ministérios da Marinha, do Exército ou da Aeronáutica, submetido a preceito de disciplina militar, em virtude de lei ou regulamento" (Brasil, 1969a).

em atividade os militares da reserva ou reformados empregados na administração militar para efeitos da aplicação da lei penal militar (Brasil, 1969a).

Como exemplo a decisão no Recurso Inominado n. 0003140-04.2018.9.26.0010 da 2ª Câmara do Tribunal de Justiça Militar de São Paulo, de 2019, bem esclarece a questão. No *case*, o Ministério Público comum pleiteava, em razão do cometimento dos crimes de ameaça e injúria praticados por um policial militar da ativa contra sua esposa, também policial militar da ativa, ocorrido no interior da residência de ambos, a remessa dos autos à Justiça Comum para processamento e julgamento sob o argumento de que os fatos ocorreram fora de lugar sujeito à administração militar e que os envolvidos (agente e vítima) não estavam em serviço na ocasião (São Paulo, 2019).

Todavia, entendeu o relator, que

> desde antes da edição da Lei nº 13.491/2017 (em 13/10/2017) - que ampliou, em muito, a competência da Justiça Militar com a expressão "na legislação penal" - o inciso II do artigo 9º do CPM, já estabelecia, no que interessa a este caso, a hipótese destes autos como sendo da competência da Justiça Militar. Tal dispositivo é de clareza solar, não permite interpretação dúbia ou equivocada.
>
> [...]
>
> Independentemente da alteração promovida pela citada Lei, pelo redação original da alínea "a" do citado inciso II, o caso dos autos encaixa-se com a perfeição legal necessária para

> que seja classificado como crime militar, de competência, portanto, desta Justiça Militar, porque foi praticado pelo [...] (militar em situação de atividade – da ativa, mas de folga) contra o [...] igualmente policial militar em situação de atividade, também da ativa pois, também de folga, ainda que fora de "local sujeito à Administração Militar. (São Paulo, 2019)

Por sua vez, a alínea "b" do inciso II do art. 9º do CPM dispõe sobre os crimes militares cometidos por militares da ativa em local sujeito à administração militar (quartéis, navios, aeronaves, campos de treinamento, estabelecimentos de ensino militar etc.) contra militar da reserva, ou reformado ou civil (Brasil, 1969a).

Insta salientar que não há uma definição legal que esclareça o que ou quais seriam locais sujeitos à administração militar, ficando a cargo da doutrina tal definição. Portanto, conceitualmente, podemos afirmar que "lugar sob Administração Militar seja compreendido como aquele ambiente, senão fixo, ao menos amplo, sobre o qual a Administração Militar exerça domínio total ou preponderante e devidamente guarnecido com efetivo de segurança" (Neves; Streifinger, 2012, p. 141).

Nessa hipótese, temos o militar da ativa como agente (polo ativo) e qualquer pessoa no polo passivo (militar da reserva, reformado ou civil), desde que os fatos ocorram em local sujeito à administração militar.

Portanto, por exclusão, caso o fato ocorra em local sujeito à administração militar, mas se tenha como vítima outro militar da ativa, subsumir-se-á na alínea "a", e não na alínea "b", em razão do critério *ratione personae* (militar da ativa *versus* militar da ativa), e não em *ratione loci* (local sujeito à administração militar).

Como exemplo, podemos citar o crime de lesão corporal leve previsto no art. 209 do CPM praticado por um cabo contra outro cabo dentro de um hospital de campanha gerenciado pelo Exército Brasileiro. Tem-se, aqui, o enquadramento do fato à hipótese da alínea "a" – militar da ativa *versus* militar da ativa – ainda que tenha ocorrido dentro de local sujeito à administração militar.

Contudo, suponhamos que, nas mesmas circunstâncias, um cabo da ativa praticasse lesão corporal leve contra um major reformado, então, o enquadramento seria na alínea "b", em razão do local em que o fato se consumou.

Para o completo entendimento desse inciso, *militar da reserva* é aquele que passa para a situação de inatividade remunerada, mas com a possibilidade de convocação ou mobilização para prestação de serviço na ativa. Por sua vez, *militar reformado* é aquele que passa para a situação de inatividade remunerada mediante dispensa definitiva da prestação de serviço na ativa. Essas situações ocorrem a pedido ou por determinação da própria administração militar, nas hipóteses legais – para a reserva ou reformado (o que equivale à aposentadoria para os civis).

Com relação à alínea "c" do inciso II do art. 9° do CPM, verificamos que esta trata dos crimes militares cometidos por "militar em serviço ou atuando em razão da função ou em comissão de natureza militar, ou em formatura, ainda que fora do lugar sujeito à administração militar contra militar da reserva, ou reformado, ou civil" (Brasil, 1969a).

Portanto, referida alínea "c" prevê situações em que o militar, por ser da ativa (apto a desempenhar a função), estando em escala de serviço (trabalhando) ou estando de folga, por exemplo, percebendo um crime, age cumprindo de seu dever constitucional e passa a atuar em razão de sua função ou, estando em comissão de natureza militar, ou ainda estando em situação de formatura, mesmo que os fatos ocorram fora de local sujeito à administração militar, comete crime militar contra militar da reserva ou reformado ou civil.

Por *comissão de natureza militar* deve-se entender aquelas situações em que, por exemplo, são formadas comissões de militares para seguir aos Estados Unidos com o objetivo de estudar e aprender novas tecnologias de comunicação para a devida implantação em uma Polícia Militar estadual. Por *formatura* deve-se entender todos os cerimoniais militares, incluídos seus preparativos, a exemplo o desfile do Dia da Pátria.

A alínea "d" do inciso II do art. 9° do CPM prevê situações em que, estando o militar em período de manobras ou exercício comete crime militar contra militar da reserva, ou reformado ou civil (Brasil, 1969a).

Por *manobra* deve-se compreender

> qualquer movimentação da unidade militar, destinada ao treinamento, a ocupar posições em estado de sítio, de defesa, perturbação da ordem pública etc. "Exercício" é atividade

> destinada ao preparo físico do militar, ao treinamento militar, ao treinamento militar da tropa, incluindo a utilização de aparelhamento bélico etc. (Neves; Streifinger, 2012, p. 147)

Para exemplificar, imaginemos um militar realizando curso de tiro para aprimoramento da tropa de artilharia e que comete crime contra um civil. Essa hipótese enquadra-se na alínea "d" referida, por ter sido cometido no período de exercício.

Derradeiramente, a alínea "e" do inciso II do art. 9° do CPM prevê circunstâncias em que o militar em situação de atividade comete crimes contra o patrimônio sob a administração militar ou a ordem administrativa militar (Brasil, 1969a).

Por exemplo, o militar da ativa que "apropriar-se de dinheiro, valor ou qualquer outro bem móvel, público ou particular, de que tem a posse ou detenção, em razão do cargo ou comissão, ou desviá-lo em proveito próprio ou alheio", crime de peculato previsto no art. 303 do CPM, estará atentando contra patrimônio sob a administração militar (Brasil, 1969a). Por sua vez, se o militar da ativa frauda um concurso militar, estará atentando contra a administração militar, contra o prestígio, a moral da instituição militar.

Passamos ao inciso III do art. 9°, que complementa o inciso I e prevê, em suas alíneas "a" a "d", as situações constitutivas de crimes militares cometidos por militares da reserva, ou reformados, ou por civil, contra as instituições militares, dispondo sobre hipóteses ora estudadas.

Devemos alertar para questão importante existente na redação do inciso III do art. 9º do CPM, a qual diz respeito à necessária presença de um elemento subjetivo, qual seja, a intenção do militar inativo (reformado ou da reserva) ou do civil (este somente pode ser processado Justiça Militar Federal) de, com sua conduta delitiva, atingir a própria instituição militar.

No que tange ao parágrafo 1º do inciso II do art. 9º, em que pese não dispor literalmente sobre questão afeta à Justiça Militar dos estados, a constatação decorre de interpretação lógica do parágrafo 2º, incluído pela Lei n. 13.491/2017, que fez constar expressamente a competência do Tribunal do Júri estadual para processamento e julgamento dos crimes dolosos contra a vida de civis praticados por militares, tal qual já prevista no art. 125, parágrafo 4º, da CF de 1988, que trata da competência Justiça Militar estadual.

Nesse sentido, o parágrafo 2º do inciso II do art. 9º do CPM dispõe, expressamente, que os crimes dolosos contra a vida e cometidos por militares das Forças Armadas (Exército, Marinha e Aeronáutica) contra civis serão de competência da Justiça Militar da União quando praticados nos contextos previstos nas seguintes situações (Brasil, 1969a):

- inciso I: "cumprimento de atribuições que lhes forem estabelecidas pelo Presidente da República ou pelo Ministro de Estado da Defesa" (Brasil, 1969a);
- inciso II: "ação que envolva a segurança de instituição militar ou de missão militar, mesmo que não beligerante" (Brasil, 1969a);

- inciso III: "atividade de natureza militar, de operação de paz, de garantia da lei e da ordem ou de atribuição subsidiária, realizadas em conformidade com o disposto no art. 142 da Constituição Federal e na forma dos seguintes diplomas legais" (Brasil, 1969a):
  - alínea "a": Lei n. 7.565/1986 (Código Brasileiro de Aeronáutica) – ex.: tiros de advertência e posterior tiro de abate se não acatada a ordem de aterrisagem;
  - alínea "b": Lei Complementar n. 97/1999, que dispõe sobre as normas gerais para a organização, o preparo e o emprego das Forças Armadas – ex.: cometimento de crime doloso contra a vida de civil em ações contra crimes transfronteiriços; garantia da lei da ordem (ocupação do Complexo da Maré, no Rio de Janeiro);
  - alínea "c": Código de Processo Penal Militar – ex.: encarregado do cumprimento de um mandado de busca e apreensão em um IPM, logo, desempenhando funções de Polícia Judiciária militar, cometa crime doloso contra a vida de um civil;
  - alínea "d": Código Eleitoral – ex.: as Forças Armadas exercem papel importante nas eleições, garantindo sua regularidade, guarnecendo urnas etc.; caso um militar cometa crime doloso contra a vida de civil nesse contexto, será julgado pela Justiça Militar da União.

É notório que as Forças Armadas estão atuando de reiteradamente desempenhando papel importante na segurança pública (mas que não condiz com suas precípuas atribuições), como no Estado do Rio de Janeiro (ex.: ocupações na Favela da Maré) e no Estado do Espírito Santo (crise da segurança pública de 2018); realizando obras; atuando em catástrofes (ex.: caso Brumadinho).

Dessa forma, os incisos e as alíneas do parágrafo 2º do art. 9º do CPM trazem contextos em que, cometido crime doloso contra a vida de civil, é conferida à Justiça Militar da União a competência para o processamento e o julgamento dos integrantes das Forças Armadas, garantindo-lhes a prerrogativa de ser julgados por membros conhecedores das vicissitudes que a carreira das armas tem, afastada, de plano, qualquer ideia de privilégio, haja vista que é guiada pelo rigor de seus princípios basilares, hierarquia e disciplina.

Portanto, depreendemos, por exclusão, que, praticado crime doloso contra a vida de civil por militar das Forças Armadas fora das situações previstas nos incisos e nas alíneas referidas, esse militar será processado e julgado pelo Tribunal do Júri Federal.

Encerrada a análise do art. 9º do CPM, reputado como o ponto-chave para a exata aplicação sistemática dos ramos penal militar e processual penal militar, passamos ao instituto das penas principais e acessórias constantes do CPM, que conta com modalidades próprias, a seguir abordadas.

— 2.4 —
Penas principais e acessórias

Conceitualmente, podemos afirmar que *pena* é "a sanção imposta pelo Estado, por meio de ação penal, ao criminoso como retribuição ao delito perpetrado e prevenção a novos crimes" (Nucci, 2014, p. 126).

São **penas principais** as previstas nas alíneas do art. 55 do CPM: "a) morte; b) reclusão; c) detenção; d) prisão; e) impedimento; f) suspensão do exercício do posto, graduação, cargo ou função; g) reforma" (Brasil, 1969a).

Podemos classificar as penas principais como:

- **pena de privação da vida**: pena de morte;
- **penas privativas de liberdade**: reclusão, detenção, prisão e impedimento;
- **penas restritivas de direitos**: apenas as penas de suspensão do exercício de posto, graduação, cargo ou função, e a reforma.

Pois bem, feito esse escorço conceitual, vamos analisar uma a uma das penas principais e, na sequência, igualmente, as penas acessórias.

A primeira das penas principais previstas no CPM é a **pena de morte**, que consiste, obviamente, em pena capital que ceifa a vida do infrator em decorrência de sentença condenatória passada em julgado. A pena de morte é prevista como pena máxima apenas para crimes cometidos em tempo de guerra (Parte Especial, Livro II, do CPM), como, por exemplo, o crime de traição, previsto no art. 355; a coação a Comandante, prevista no art. 358; entre outros.

Sabemos que a CF de 1988 veda a aplicação de pena de morte para qualquer crime previsto na legislação penal, no entanto, condiciona sua aplicabilidade se e quando o Brasil ingressar em estado de guerra: "Art. 5º. [...] XLVII – não haverá penas: a) de morte, salvo em caso de guerra declarada, nos termos do art. 84, XIX" (Brasil, 1988).

Quanto ao seu rito de aplicação, dispõe o art. 57 do CPM que a "sentença definitiva de condenação à morte é comunicada, logo que passe em julgado, ao Presidente da República, e não pode ser executada senão depois de sete dias após a comunicação" e, caso a pena imposta ocorra em zona de guerra, poderá "ser imediatamente executada, quando o exigir o interesse da ordem e da disciplina militares" conforme dispõe seu parágrafo único (Brasil, 1969a).

Quanto à forma de execução, dispõem os arts. 707 e seguintes CPPM que o "militar que tiver de ser fuzilado sairá da prisão com uniforme comum e sem insígnias, e terá os olhos vendados, salvo se o recusar, no momento em que tiver de receber as descargas. As vozes de fogo serão substituídas por sinais" (Brasil, 1969b)

Importante destacar que a pena de morte poderá ser imposta ao civil que, em tempo de guerra obviamente, pratique crime art. 357 do CPM, que prevê a conduta de **tentar** contra a soberania do Brasil, cuja descrição típica consta no art. 142 do mesmo *codex* (Brasil, 1969a).

Derradeiramente, vale salientar que as penas de morte atribuídas a crimes militares em tempo de guerra são previstas no CPM e têm caráter de lei excepcional (aos crimes cometidos durante a guerra, aplica-se o Livro II da Parte Especial do CPM), e essas tipificações penais serão aplicadas mesmo quando encerrada a guerra (excepcionalidade), conforme a regra da ultratividade gravosa.

Quanto às penas de **reclusão** e de **detenção**, impende iniciar destacando que não há no CPM regra distintiva entre essas modalidades de prisão, havendo lacuna legislativa nesse ponto. Nesse sentido, diante do disposto no art. 3º, alínea "a", do CPPM, utiliza-se, por analogia, precipuamente as regras do art. 33 do Código Penal comum para aferição da modalidade de pena a ser aplicada e suas decorrências jurídicas, sem prejuízo de outros dispositivos normativos do ramo penal comum.

Basicamente, Nucci (2019, p. 896-897) destaca quatro diferenças:

> a) a reclusão é cumprida inicialmente nos regimes fechado, semiaberto e aberto; a detenção somente pode ter início no regime semiaberto ou aberto (art. 33, caput, CP);
>
> b) a reclusão pode ter por efeito da condenação a incapacidade para o exercício do pátrio poder (atualmente, poder familiar), tutela ou curatela, nos crimes dolosos, sujeitos a esse tipo de pena, cometidos contra filho, tutelado ou curatelado (art. 92, II, CP);

c) a reclusão propicia a internação nos casos de medida de segurança; a detenção permite a aplicação do regime de tratamento ambulatorial (art. 97, CP);

d) a reclusão é cumprida em primeiro lugar (art. 69, caput, parte final, CP).

A modalidade de prisão e o *quantum* mínimo e máximo de pena vêm previstos no preceito secundário da norma penal, cuja cominação abstrata, a exemplo do tipo de furto simples, previsto no art. 155 do Código Penal comum, é de 1 (um) a 4 (quatro) anos de reclusão (Brasil, 1940).

Ocorre que, no CPM, vários tipos penais não preveem no preceito secundário da norma, ou seja, na cominação abstração, o *quantum* mínimo de pena. Por essa razão, o art. 58 do CPM estabelece que, para pena de reclusão, o mínimo será de 1 ano, e o máximo, de 30 anos. Para pena de detenção, o mínimo será de 30 dias, e o máximo, de 10 anos. Como dito, reforçando, esse dispositivo aplica-se aos tipos penais que não trazem em seu preceito secundário a cominação abstrata da pena explicitamente, como o próprio crime de furto simples previsto no art. 240 do CPM: “Art. 240. Subtrair, para si ou para outrem, coisa alheia móvel: Pena – reclusão, até seis anos” (Brasil, 1969a).

O CPM, em seu art. 59, dispõe que a pena de reclusão ou de detenção até 2 anos, quando não cabível suspensão condicional, será convertida em prisão e cumprida: “I – pelo oficial, em recinto de estabelecimento militar; e II – pela praça[3], em estabelecimento penal militar, onde ficará separada de presos que estejam cumprindo pena disciplinar ou pena privativa de liberdade por tempo superior a dois anos" (Brasil, 1969a).

No que tange às penas privativas de liberdade superiores a 2 anos, o art. 61 do CPM prevê que deverão ser cumpridas em penitenciária militar ou, inexistindo esta, em estabelecimento prisional civil, ambas sujeitas à Lei de Execução Penal para todos os fins, afetando esse dispositivo as Justiças Militares da União e estaduais (Brasil, 1969a).

Todavia, há permissivo legal para que os estados, conforme o art. 6° do CPPM, no que concerne à Justiça Militar estadual somente, regulem a execução da pena de seus militares (Brasil, 1969b). O Estado São Paulo, por exemplo, tem o Presídio Militar Romão Gomes e regula a execução das penas por meio da Portaria n. 003/2004-CECRIM, que criou o Regimento Interno de Execução Penal. Os estados que não contam com estabelecimentos prisionais militares, socorrem-se da regra do art. 61 do CPM, já citada.

Já o civil condenado na Justiça Militar, conforme dispõe o art. 62 do CPM, cumprirá a pena em estabelecimento prisional comum sujeito ao regramento da Lei de Execução Penal. Ressalvamos, novamente, que o civil só poderá ser processado e julgado no âmbito da Justiça Militar da União, visto que a CF

---

3 Praças são os soldados, cabos, 1°, 2° e 3° sargentos e subtenentes. Ingressa-se por concurso público, exigindo-se os níveis fundamental, médio ou médio/técnico.

de 1988 estabelece, em seu art. 125, parágrafo 4º, que as Justiças Militares estaduais processarão e julgarão somente seus militares. Portanto, diante dessa opção do legislador constituinte derivado (via Emenda Constitucional n. 45/2004), o civil que pratique crimes militares contra instituições militares estaduais (art. 9º, III, do CPM) será julgado pela Justiça Comum.

A pena de **prisão** a que se refere o art. 59 do CPM aplica-se quando o *quantum* imposto seja de até 2 anos e substitui a pena de detenção ou de reclusão, conforme visto nas linhas anteriores.

É modalidade mais benéfica, porque a pena será cumprida no recinto militar (ex.: quartel) se oficial e praça em estabelecimento penal militar (ambiente específico para cumprimento de pena dentro de um quartel com cela ou o próprio presídio militar nas localidades que houver), ou seja, separados dos presos que estejam cumprindo pena disciplinar ou penas privativas de liberdade superiores a 2 anos, evitando-se, assim, pelo critério objetivo do *quantum de pena*, a imposição do cumprimento de pena pelo militar condenado no sistema carcerário com condenados, em tese, de maior periculosidade.

Por sua vez, a pena de **impedimento**, conforme preceitua o art. 63 do CPM, "sujeita o condenado a permanecer no recinto da unidade, sem prejuízo da instrução militar" (prosseguibilidade da ação penal militar) (Brasil, 1969a).

A pena de impedimento aplica-se somente ao crime militar de insubmissão, conforme disposto no art. 183 do CPM, que se refere à conduta de não se apresentar à corporação quando convocado ou, apresentando-se, dela ausentar-se antes do ato oficial de incorporação (porque se incorporado, militar então, e ausenta-se por mais de oito dias, a conduta típica seria do crime propriamente militar de deserção previsto no art. 187 do CPM).

Essa pena somente será passível de aplicação no âmbito da Justiça Militar da União. Já a convocação diz respeito à obrigatoriedade da prestação do serviço militar (art. 5º da Lei n. 4.375, de 17 de agosto de 1964 – Brasil, 1964) pelo civil para composição dos quadros das Forças Armadas, haja vista que o ingresso nas carreiras militares dos estados ocorre via concurso público, e não por convocação.

O impedimento, então, consiste em pena privativa de liberdade que possibilita que o insubmisso pratique atividades no interior da caserna, ou mesmo fora, desde que no bojo de instrução militar (presta faticamente o serviço militar obrigatório preso no quartel).

A pena de **suspensão do exercício de posto, graduação, cargo ou função** consiste na agregação, afastamento ou licenciamento do condenado pelo tempo fixado na sentença, sem prejuízo de seu comparecimento regular à sede do serviço (art. 64 do CPM).

O tempo de suspensão (agregação, afastamento, licenciamento) não será contado como tempo de serviço, para qualquer efeito, o tempo do cumprimento da pena, conforme dispõe o próprio art. 64 do CPM.

Além disso, o parágrafo único do art. 64 do CPM estabelece que: "Se o condenado, quando proferida a sentença, já estiver na reserva, ou reformado ou aposentado, a pena prevista será convertida em pena de detenção, de três meses a um ano" (Brasil, 1969a).

Vale lembrar que *posto* é o grau hierárquico do oficial, conferido por ato do presidente da República ou pelo governador das unidades federativas, conforme o caso, e confirmado em Carta Patente, como se infere do § 1º do art. 16 do Estatuto dos Militares. Por sua vez, *graduação* é o grau hierárquico da praça, conferido pela autoridade militar competente (§ 3º do art. 16 do Estatuto dos Militares) (Brasil, 1980; Neves; Streifinger, 2012).

Exemplos de crimes militares que podem sofrer pena de suspensão do exercício do posto, portanto, somente afetos aos oficiais, estão previstos nos arts. 170, 174, 197, 198, 201, 204 e 266 do CPM.

Já com relação à pena de suspensão de graduação, o único delito que prevê a possibilidade de sua aplicação é o capitulado no art. 324 do CPM ("Inobservância de lei, regulamento e instrução"), que também prevê a possibilidade de suspensão do exercício do posto, do cargo ou da função (Brasil, 1969a).

A última pena principal prevista no art. 59 do CPM é a de **reforma**, que sujeita o militar condenado à situação de inatividade, limitando-o a perceber não mais que um vinte e cinco avos do soldo por ano de serviço, nem importância superior à do soldo, conforme estipulado no art. 65 do CPM.

Essa modalidade de pena pode ser alternativa, como se verifica nos arts. 170, 201 e 204, ou cumulativa de pena (para oficial), como no caso do art. 266 todos do CPM.

Encerrada a descrição das penas principais, adentra-se ao estudo das **penas acessórias** previstas no art. 98 do CPM:

> Art. 98. São penas acessórias:
>
> I - a perda de posto e patente;
>
> II - a indignidade para o oficialato;
>
> III - a incompatibilidade com o oficialato;
>
> IV - a exclusão das forças armadas;
>
> V - a perda da função pública, ainda que eletiva;
>
> VI - a inabilitação para o exercício de função pública;
>
> VII - a suspensão do pátrio poder, tutela ou curatela;
>
> VIII - a suspensão dos direitos políticos.
>
> **Função pública equiparada**
>
> Parágrafo único. Equipara-se à função pública a que é exercida em empresa pública, autarquia, sociedade de economia mista, ou sociedade de que participe a União, o Estado ou o Município como acionista majoritário. (Brasil, 1969a, grifo do original)

Acerca das penas acessórias, conceitualmente, podemos afirmar que são os efeitos secundários ou acessórios da sentença que,

> ao lado dos efeitos que a condenação produz como ato jurídico, consequências dela derivam como fato ou acontecimento jurídico. A sentença condenatória, de par com seus efeitos principais, tem o que alguns denominam efeitos 'reflexos e

> acessórios', ou efeitos indiretos, que são consequência dos efeitos principais, ou efeitos da sentença como fato jurídico. (Nucci, 2014, p. 199)

No caso do CPM, claramente, no art. 98, estabelecem-se penas acessórias, que são complementos da condenação principal e a ela estão ligadas, mas nem todas foram recepcionadas pela CF de 1988, conforme veremos e cujos efeitos são extrapenais e afetam os âmbitos administrativo, civil e político.

Pois bem, dispõe o art. 99 do CPM: "A **perda de posto e patente** resulta da condenação a pena privativa de liberdade por tempo superior a 2 (dois) anos, e importa a perda das condecorações" (Brasil, 1969a, grifo nosso).

A aplicação desse dispositivo pela primeira instância dos Juízos Militares, seja estadual, seja da União, não foi recepcionado pela CF de 1988. Dispõem os arts. 142, parágrafo 3º, inciso VI, e 42, parágrafo 1º, ambos da CF de 1988, respectivamente, que a avaliação e a imposição dessa pena acessória competirá ao STM, quando se tratar de oficiais das Forças Armadas, e aos Tribunais Militares (presentes apenas nos estados do Rio Grande do Sul, de São Paulo e de Minas Gerais) ou aos Tribunais de Justiça estaduais, quando se tratar de oficiais militares estaduais. Igualmente ocorrerá quanto à perda da graduação das praças.

A pena acessória de **indignidade para o oficialato** (arts. 100 e 101 do CPM), dispositivos igualmente não recepcionados pela CF de 1988 no que tange à possibilidade de aplicação na sentença e à aplicação dessa modalidade de pena acessória, deverá, via ação autônoma, ser imposta pelo STM, no tocante aos oficiais das Forças Armadas, e pelos Tribunais de Justiça Militares, onde houver, ou Tribunais de Justiça estaduais, no que se refere aos oficiais da Polícia Militar e dos Corpos de Bombeiros.

A pena de **exclusão das Forças Armadas**, prevista no art. 102 do CPM, incidirá quando "A condenação da praça a pena privativa de liberdade, por tempo superior a 2 (dois) anos, importa sua exclusão das forças armadas" (Brasil, 1969a), permanecendo plenamente válida, razão pela qual deve a exclusão de praças das Forças Armadas condenados ser expressamente fundamentada na sentença condenatória (pelas Auditorias Militares – primeira instância da Justiça Militar da União).

No que diz respeito às praças das Polícias e dos Bombeiros Militares, a exclusão deve ser declarada pelo Tribunal Militar estadual ou pelos Tribunais de Justiça estaduais, via representação pelo Ministério Público Militar, após a condenação transitar em julgado, por força do disposto no art. 125, parágrafo 4º, da CF de 1988.

Por sua vez, a **inabilitação para o exercício de função pública**, prevista no art. 104 do CPM, "constitui pena acessória (ou efeito da condenação), aplicável ao civil, que exerça atividade em repartição militar, desde que a infração cometida se relacione a abuso de poder ou violação de dever" (Nucci, 2014, p. 203).

Já a **suspensão do pátrio poder, tutela ou curatela**, prevista no art. 105 do CPM, terá aplicabilidade para os crimes militares cometidos contra filho, tutelado ou curatelado, o que faticamente é deveras difícil de ocorrer. Todavia, como previsto, deve vir de forma expressa e fundamentada na sentença.

Derradeiramente, com relação às modalidades de penas acessórias trazidas pelo CPM, o art. 106 dispõe sobre a **suspensão dos direitos políticos**, cuja decorrência já é prevista no art. 15, inciso III, da CF de 1988 e ocorre de forma automática quando do trânsito em julgado da condenação criminal, enquanto durarem seus efeitos. Todavia, igualmente, se imposta, deverá vir devidamente fundamentada na sentença condenatória.

Nos termos do art. 107 do *codex* castrense, nem toda pena acessória deve vir expressamente na sentença condenatória, à exceção das penas previstas nos arts. 99, 103, inciso III, e 106 do CPM.

Conhecidas as penas principais e acessórias passíveis de aplicação aos delitos militares, podemos examinar, a seguir, relevante instituto que diz respeito à aplicação das penas, *iter* necessário a ser percorrido pelo magistrado, cujo convencimento, em qualquer sentido, deverá ser sempre ser expresso de forma fundamentada.

— 2.5 —
Aplicação das penas

Conceitualmente, a *aplicação das penas* trata-se de

> um processo judicial de discricionariedade juridicamente vinculada visando à suficiência para prevenção e reprovação

da infração penal. O juiz, dentro dos limites estabelecidos pelo legislador (mínimo e máximo, abstratamente fixados para a pena), deve eleger o quantum ideal, valendo-se do seu livre convencimento (discricionariedade), embora com fundamentada exposição do seu raciocínio (juridicamente vinculada). (Nucci, 2019, p. 1.013)

Diferentemente do Código Penal comum, que traz expressamente os critérios para aplicação da pena, o CPM é omisso. Nesse sentido, é assente na doutrina[4] e na jurisprudência[5] a adoção, por analogia ao Código Penal comum, do **critério trifásico** conforme se verifica no art. 68: "A pena-base será fixada atendendo-se ao critério do art. 59 deste Código; em seguida serão consideradas as circunstâncias atenuantes e agravantes; por último, as causas de diminuição e de aumento" (Brasil, 1940).

Com base no critério trifásico, a aplicação da pena-base no CPM ocorre nos termos de seu art. 77, verificadas as circunstâncias judiciais de seu art. 69. Vejamos:

---

4 "Com o advento da reforma penal, foi adotado o critério trifásico, restando inquestionável que, desde então, o cálculo da pena passou a percorrer uma operação em três etapas, cuja inobservância é causa e nulidade da sentença. De igual forma, a utilização de três fases no cálculo da pena a ser imposta é regra no Código Penal Militar. Este, embora adote o sistema trifásico, não traz dispositivo suficientemente claro acerca das três etapas [...]." (Cruz; Miguel, 2008, p. 139)

5 Habeas Corpus n. 92.116/RJ, julgado pela Primeira Turma do STF em 25 de setembro de 2007, reafirmado no Habeas Corpus n. 90.659/SP, julgado em 12 de fevereiro de 2008 e objeto do Informativo n. 482 do STF.

> **Fixação da pena privativa de liberdade**
>
> Art. 69. Para fixação da pena privativa de liberdade, o juiz aprecia a gravidade do crime praticado e a personalidade do réu, devendo ter em conta a intensidade do dolo ou grau da culpa, a maior ou menor extensão do dano ou perigo de dano, os meios empregados, o modo de execução, os motivos determinantes, as circunstâncias de tempo e lugar, os antecedentes do réu e sua atitude de insensibilidade, indiferença ou arrependimento após o crime.
>
> **Determinação da pena**
>
> § 1º Se são cominadas penas alternativas, o juiz deve determinar qual delas é aplicável.
>
> **Limites legais da pena**
>
> § 2º Salvo o disposto no art. 76, é fixada dentro dos limites legais a quantidade da pena aplicável.
>
> [...]
>
> **Pena-base**
>
> Art. 77. A pena que tenha de ser aumentada ou diminuída, de quantidade fixa ou dentro de determinados limites, é a que o juiz aplicaria, se não existisse a circunstância ou causa que importa o aumento ou diminuição. (Brasil, 1969a, grifo do original)

Portanto, a fixação da pena-base, que corresponde à **primeira fase da aplicação da pena**, é balizada pelos critérios do art. 69 (circunstâncias judiciais), deve obedecer aos parâmetros mínimo e máximo da pena abstratamente cominada para o crime analisado, verificando-se se crime simples, qualificado ou privilegiado, na medida em que as duas últimas formas alteram os patamares mínimo e máximo da pena cominada em abstrato.

Com relação às circunstâncias previstas, a personalidade do réu é a primeira descrita no art. 69, devendo o magistrado ponderar também a intensidade do dolo ou o grau da culpa, os motivos determinantes, os antecedentes do réu e a sua atitude de insensibilidade, indiferença ou arrependimento após o crime (Brasil, 1969a). Nada mais é que a circunstância da culpabilidade do art. 59 do Código Penal comum.

Os **motivos determinantes** do crime dizem respeito ao fundamento do crime, sua força motriz, o móvel. Aqui, é necessário tomar cuidado para não confundi-los com o motivo do crime (fútil ou torpe – art. 70, II, "a", do CPM – circunstâncias agravantes), a fim de que não ocorra *bis in idem*, tendo em vista que a análise dos motivos determinantes se realiza na primeira fase da dosimetria da pena, e os motivos do crime como agravantes, na segunda fase.

Quanto aos **antecedentes criminais**, segundo o CPM, diante da disciplina rigorosamente tutelada, para além da ficha criminal, avalia-se a vida pregressa do réu em suas condutas sociais de forma abrangente. Exemplificativamente, "uma folha de punições muito extensa importa na detecção de uma personalidade de indisciplina, elevando a fixação da pena-base. Por outro lado, uma folha de punições pequena somada a uma folha de elogios extensa implicará a verificação de uma personalidade favorável ao acusado" (Neves; Streifinger, 2012, p. 618).

A valoração da **atitude de insensibilidade, indiferença ou arrependimento do réu** influenciará na pena-base, pois, se evidenciada a insensibilidade ou a indiferença, a reprovação há de ser maior, ao passo que o arrependimento milita a favor do réu no estabelecimento da pena-base. Para fins de análise do arrependimento, são ponderadas as condutas pós-crime, a cooperação, o grau de sensibilidade para com as consequências da atitude, a demonstração inequívoca de consciência do desvalor de sua conduta etc.

Quanto à **gravidade** do crime praticado, quanto mais grave o fato, maior a pena-base a ser aplicada. A gravidade deve ser medida em conformidade com os parâmetros previstos no preceito secundário dos tipos penais militares, e o magistrado deverá fixar a pena-base maior conforme conclua pela maior gravidade do crime ao avaliar a maior ou a menor extensão do dano ou perigo de dano, os meios empregados, o modo de execução e as circunstâncias de tempo e lugar.

Considerar a maior ou menor extensão do dano ou perigo de dano é, por exemplo,

> pensando em um crime material consumado, o furto qualificado de uma arma da Instituição Militar merece maior reprovação que o furto de uma arma particular, bem como o furto de uma vultosa quantia merece pena-base maior que a subtração, embora significante, de quantia muito menor. Até mesmo na tentativa essa aferição é possível, porquanto, *in exemplis*, a de um homicídio cujo agente dispara contra a vítima sem

> acertá-la (tentativa branca) merece menor pena-base do que aquela em que os disparos atingem a vítima, mas não a matam (tentativa cruenta). (Neves; Streifinger, 2012, p. 619)

Quanto aos **meios empregados**, vejamos também a lição da doutrina:

> Os meios empregados poderão – quando não compuserem o crime (ex.: art. 269 do CPM) não o qualificarem (ex.: art. 205, § 2º, III, do CPM) e nem importarem em uma agravante (por ex.: art. 70, "e", do CPM) ou causa especial de aumento de pena (ex.: art. 157, § 1º, do CPM) – influenciar na fixação da pena-base. Meio empregado diz respeito ao condutor físico da ação criminosa, ou seja, o que foi utilizado para a prática do delito. Como exemplo, um dano causado por uma máquina pá-carregadeira em um automóvel merece maior reprovação, portanto uma pena-base maior do que aquele praticado, ainda que em mesma extensão, por uma pedra, já que há um risco potencial maior. (Neves, 2011-2012, p. 50)

Quanto ao **modo de execução** do crime, este deve ser "compreendido como circunstância objetiva que indica a forma imaterial como o crime foi praticado (quando não for elementar nem qualificar o crime, nem importar em causa de aumento ou diminuição de pena. Por exemplo, praticá-lo de forma premeditada, exibicionista ou obstinada, etc." (Neves; Streifinger, 2012, p. 620).

A última questão a ser analisada no art. 69 e que encerra a primeira fase da dosimetria da pena diz respeito às **circunstâncias**

de tempo e lugar do crime. *Tempo* refere-se ao momento do delito; merece maior reprovação o crime de dano praticado em tempo de escassez. *Lugar* refere-se ao espaço físico onde é cometido; por exemplo, praticar um fato criminoso em missão de garantia da lei e da ordem na favela da Maré, Rio de Janeiro, lugar dominado pelo tráfico de drogas, expondo a tropa a perigo.

O magistrado, ao final da análise de todas as circunstâncias ora expostas, reconhecida uma ou mais, aplicará aumentos à pena abstrata cominada ao crime sempre de forma fundamentada.

Na sequência, inaugura-se a **segunda fase da dosimetria da pena**, na qual, partindo da pena provisória alcançada na primeira fase, serão verificadas e valoradas condições genéricas agravantes e atenuantes pelo magistrado. São as chamadas *circunstâncias legais*, previstas na Parte Geral do CPM, em seus arts. 70 e 72, sendo aferíveis também nessa fase as circunstâncias agravantes previstas no parágrafo 2º do art. 53 do CPM, que se refere ao concurso de pessoas.

Trataremos, aqui, exclusivamente das agravantes e das atenuantes afetas ao ramo penal militar, na medida em que as demais são estudadas Código Penal comum (art. 61 e art. 65) e são correlatas e aplicáveis ao CPM.

Premissa importante que diz respeito à incidência das agravantes e das atenuantes é que elas não podem ultrapassar os limites cominados em abstrato previstos em cada tipo penal (art. 58 e art. 69, § 2º, do CPM).

O art. 70 do CPM apresenta as **circunstâncias agravantes** genéricas, que sempre incidirão na aplicação da pena e a agravarão, se verificadas no caso concreto, caso não constituam elementares do tipo nem qualifiquem o crime.

A primeira a ser destacada é a **reincidência** (inciso I do art. 70 do CPM), que incidirá quando o agente, ostentando condenação transitada em julgado, cometa novo delito tal qual como previsto no Código Penal comum. No entanto, diferentemente do Código Penal comum, que desconsidera crimes propriamente militares para fins de reincidência (art. 64, II), no CPM qualquer condenação irrecorrível, ainda que por crime comum, será verificada para fins da incidência da reincidência perante a Justiça Militar.

Em suma, para a Justiça Militar, somente crimes anistiados ou condenações passadas o período depurador não são considerados para fins da agravante da reincidência, conforme preceitua o art. 71, *caput* e parágrafos 1° e 2° do CPM:

> **Reincidência**
>
> Art. 71. Verifica-se a reincidência quando o agente comete novo crime, depois de transitar em julgado a sentença que, no país ou no estrangeiro, o tenha condenado por crime anterior.
>
> **Temporariedade da reincidência**
>
> § 1° Não se toma em conta, para efeito da reincidência, a condenação anterior, se, entre a data do cumprimento ou extinção da pena e o crime posterior, decorreu período de tempo superior a cinco anos.

Crimes não considerados para efeito da reincidência

§ 2º Para efeito da reincidência, não se consideram os crimes anistiados. (Brasil, 1969a)

Igualmente ao previsto no Código Penal comum, no CPM há previsão da incidência do período depurador de cinco anos a contar da data do cumprimento integral da pena ou de sua extinção para fins aferição da reincidência. O réu, ainda que conste a anotação, será considerado tecnicamente primário, não havendo de se falar na incidência da agravante da reincidência.

Incidirá a agravante **depois de embriagar-se**, salvo se a embriaguez decorrer de caso fortuito, engano ou força maior (art. 70, II, "c", do CPM). Diferentemente do Código Penal comum, que somente a embriaguez preordenada[6] constitui agravante (art. 61, II, "l"), no CPM, por força do parágrafo único do art. 70, tanto a embriaguez preordenada como a voluntária agravarão a pena.

A *embriaguez preordenada* é aquela em que o agente se embriaga com o intuito de cometer uma conduta típica. Nesse sentido, o agente ingere bebida alcoólica (ou outra substância de efeitos análogos) com o fim previamente planejado, ou seja, "para criar coragem".

A agravante **estando de serviço** (art. 70, II, "l", do CPM) incidirá quando o militar (da ativa obviamente) está (em escala) de

6 O agente embriaga-se com fins de cometer uma conduta típica, a ingestão de bebidas se dá exatamente em razão da finalidade previamente planejada. "Para criar coragem."

serviço. Nesse sentido, o Tribunal de Justiça Militar de São Paulo, julgando Apelação Criminal n. 5.587/2006 (Feito n. 44.824/06, 4ª Auditoria), em 30 de março de 2010, sob relatoria do Juiz Paulo A. Casseb, assim se posicionou:

> Incide em peculato-furto tentado o policial militar que, no exercício de função que lhe conferia acesso à bomba de gasolina da unidade, tenta subtrair combustível pertencente à Polícia Militar para abastecer veículo particular, mas é flagrado por superior hierárquico. Constitui agravante de aplicação obrigatória a circunstância de o policial militar cometer o crime quando de serviço (TJMSP, 2010, citado por Neves, 2011-2012, p. 63)

A agravante do **(com) emprego de arma, material ou instrumento de serviço, para esse fim procurado** (art. 70, II, "m", do CPM) incidirá quando o militar buscar qualquer objeto que esteja sob a administração militar para a prática do delito. Essa agravante visa punir com maior rigor a conduta do militar que locupleta de um objeto da instituição militar para/na prática do delito.

Incide a agravante quando o crime é **praticado em Auditório da Justiça Militar ou local onde tenha sede a sua administração** (art. 70, II, "n", do CPM). *Auditório da Justiça Militar*

> deve ser compreendido como o local onde se procedem às sessões do processo penal militar. Também é circunstância agravante a prática de crime militar no local onde o Poder

> Judiciário Militar mantém sua sede, seu prédio principal, não necessariamente sendo local de sessões de julgamento. Esta agravante, por força do parágrafo único do art. 70 do CPM, somente se aplica quando o sujeito ativo for militar. (Neves; Streifinger, 2012, p. 634)

O **crime praticado em país estrangeiro** (art. 70, II, "o", do CPM) também agrava a pena, exigindo-se, para tanto, que o espaço onde ocorra o delito pertença a determinado país estrangeiro. *Território nacional* deve ser entendido o nacional e aquele por extensão (navios, aviões etc.). Essa agravante, por força do parágrafo único do art. 70 do CPM, somente se aplica quando o sujeito ativo for militar.

Ainda, deve-se ter como circunstâncias agravantes e atenuantes incidentes na segunda fase da aplicação da pena as específicas para o concurso de pessoas, previstas nos §§ 2° e 3° do art. 53 do CPM.

Após a verificação das circunstâncias agravantes, o magistrado deverá passar à verificação e à valoração das **circunstâncias atenuantes**, previstas no art. 72 do CPM. De igual forma, evidenciaremos as atenuantes com exclusiva previsão no *codex* castrense, aplicando-se a mesma técnica já conhecida às que têm igual previsão no Código Penal comum já estudadas.

Pois bem, quanto à atenuante **anterior comportamento meritório** (art. 72, II, do CPM), temos que o "comportamento meritório deve ser interpretado extensivamente, alcançando todo o comportamento do agente em sua família, em grupos sociais etc. Obviamente, se esta circunstância já incidiu no cálculo da pena-base, na avaliação dos antecedentes, não deverá incidir nesta fase da aplicação da pena" (Assis, 2007, p. 175).

Atenua a pena o fato de **ter o agente sofrido tratamento com rigor não permitido em lei** (art. 72, III, "e", do CPM). Trata-se de incidir em situações em que o tratamento empregado exaspere aquele inerente ao rigor da práxis militar calcado na hierarquia e na disciplina. Caso, obviamente, o tratamento tencione para a ilegalidade e o agente aja em repulsa à injusta e atual agressão, estará acobertado pela excludente de antijuridicidade da legítima defesa (ou ilicitude), nos termos do art. 44 interpretado cumulativamente com o art. 47, inciso II, do CPM[7]. No entanto, "não havendo a proporcionalidade ou mesmo a coincidência temporal entre tratamento o rigoroso e a reação a ele, é possível a incidência desta circunstância atenuante" (Neves; Streifinger, 2012, p. 641-642).

Observação que precisa ser feita é que o Código Penal comum prevê, em seu art. 66, aquilo que a doutrina chama de *atenuantes inominadas*, que são aquelas, embora não previstas expressamente, as quais pode o juiz atenuar a pena "em razão de circunstância relevante, anterior ou posterior ao crime, embora não prevista expressamente em lei" (Brasil, 1940), tornando exemplificativo o rol de atenuantes previsto no art. 65.

---

7 "Art. 47. Deixam de ser elementos constitutivos do crime: [...] II – a qualidade de superior ou a de inferior, a de oficial de dia, de serviço ou de quarto, ou a de sentinela, vigia, ou plantão, **quando a ação é praticada em repulsa a agressão**." (Brasil, 1969a)

Diferentemente, o CPM não dispõe de tal previsão, o que torna o rol do art. 72 taxativo, devendo o magistrado a ele ficar adstrito.

Com relação ao *quantum* da agravação ou da atenuação, dispõe o art. 73 do CPM que, prevista a agravação ou a atenuação da pena, sem a menção do *quantum*, deve o magistrado fixá-la entre um quinto e um terço, guardados os limites da pena cominada ao crime.

O art. 74 do CPM dispõe acerca da ocorrência de "mais de uma agravante ou mais de uma atenuante, o juiz poderá limitar-se a uma só agravação ou a uma só atenuação" (Brasil, 1969a). Por sua vez, o art. 75 dispõe que "No concurso de agravantes e atenuantes, a pena deve aproximar-se do limite indicado pelas circunstâncias preponderantes, entendendo-se como tais as que resultam dos motivos determinantes do crime, da personalidade do agente, e da reincidência. Se há equivalência entre umas e outras, é como se não tivessem ocorrido" (Brasil, 1969a).

> Aqui, sim, a lei determina uma preponderância na avaliação das circunstâncias agravantes – o que não ocorre com as circunstâncias judiciais –, levando a uma maior reprovação quando se referirem a motivos determinantes do crime (alíneas "a" e "b" do inc. II do art. 70 e inc. IV do § 2º do art. 53 todos do CPM), da personalidade do agente (alíneas "d", "e", "f", "g", "h", "i" e "j" do inc. II do art. 70 do CPM) e da reincidência (inc. I do art. 70 do CPM). Também é possível a aferição de uma atenuante em face da outra com os mesmos critérios sem a reincidência, ou seja, motivos determinantes do crime (alíneas "a", "c" e "e" do inc. III do art. 70 do CPM) e a personalidade do

> agente (inc. II do art. 72 do CPM). Claro que a classificação de uma agravante ou de uma atenuante em uma e em outra categoria cabe ao aplicador da lei penal militar, comportando enquadramento diverso do aqui proposto, desde que motivado. (Neves, 2011-2012, p. 73)

No que tange à unificação de penas, impõe o art. 81 do CPM a limitação de 30 anos para pena de reclusão e de 15 anos para pena de detenção. Diferentemente, o Código Penal comum estabelece, em seu art. 75, que o **limite de cumprimento de penas** é de, agora, com a entrada em vigor da Lei n. 13.964, de 24 de dezembro de 2019 (Pacote Anticrime), é de 40 anos, dispondo, inclusive, que a unificação de penas privativas de liberdade deve atender a esse limite máximo (Brasil, 1940; Brasil, 2019).

Perceba-se que o CPM não fala em limite de cumprimento de pena, mas somente em unificação de penas, o que é deveras mais gravoso e desproporcional, conforme explicação minuciosa de Neves e Streifinger (2012, p. 694):

> Assim, por contraditório que pareça, o CPM permitiria, por exemplo, que um crime de violência contra superior com resultado morte (art. 157, § 4° do CPM), cuja pena alterada (circunstâncias judiciais mais a incidência de agravantes e atenuantes) seja de vinte e cinco anos de reclusão, pela incidência da causa especial de aumento de pena constante do § 2° do art. 157, sofra um acréscimo de um terço, ou seja, mais dezesseis anos e oito meses de reclusão, totalizando uma condenação de quarenta e um anos e oito meses de reclusão.

> Caso praticasse a mesma conduta em relação a dois superiores, no entanto, ainda que obtivesse penas para cada crime na mesma proporção (41 anos e 8 meses de reclusão, ou seja, soma das penas totalizando 83 anos e 4 meses de reclusão), a regra de unificação das penas do art. 81 do CPM, impediria a condenação final além de trinta anos de reclusão.

Portanto, como se verifica no exemplo, uma pena originária aplicada acima do limite de 30 anos não seria ilegal, na medida em que o CPM não fala em *limite de cumprimento de pena*, tange somente a limitar-se a unificação das penas (condenações distintas), evidenciando-se extremamente contraditória e descompassada. Inobstante referida disposição, a nosso sentir, é perfeitamente aplicável ao CPM a limitação do tempo de pena máximo de cumprimento de pena constante no art. 75 do Código Penal comum por analogia.

Encerrada a segunda fase da dosimetria da pena, o magistrado ingressa na **terceira fase da aplicação da pena**, na qual verificará a existência ou não de causas especiais de aumento ou diminuição. Algumas dessas causas estão previstas na Parte Geral do CPM:

- **Causas de aumento da pena**: art. 20 – aumento de um terço quanto aos crimes praticados em tempo de guerra; e art. 79 – em função do concurso de crimes, adotando o dispositivo em sua parte final a exasperação para a unificação de crimes cujas penas não sejam de mesma espécie.

- **Causas de diminuição da pena**: tentativa (parágrafo único do art. 30 do CPM), pode o juiz diminuir a pena de um a dois terços; erro de direito (art. 35 do CPM), incidindo os parâmetros de um quinto a um terço do art. 73 do CPM; art. 41 do CPM, que prevê que a pena pode ser atenuada nos casos do art. 38, alíneas "a" e "b", e nos casos do art. 39, devendo o juiz balizar-se novamente no art. 73 do CPM; excesso doloso (art. 46, CPM) e participação de somenos importância (art. 53, § 3º, do CPM) com base no art. 73 do CPM; semi-imputabilidade (parágrafo único do art. 48 do CPM), baseado no art. 73 do CPM; redução para agentes entre 16 e 18 anos (*caput* do art. 50 do CPM); redução facultativa presente no crime continuado (art. 81, § 1º, do CPM).

Na Parte Especial, as causas especiais de aumento ou diminuição de pena estão dispostas expressamente e atrelam-se ao tipo penal em espécie. Exemplificativamente, causas especiais de diminuição de pena: § 2º do art. 183, inciso I do art. 189, § 5º do art. 209, § 1º do art. 240, todos do CPM; e causas especiais de aumento de pena: §§ 2º e 5º do art. 157, parágrafo único do art. 160, parágrafo único do art. 219, parágrafo único do art. 309, todos do CPM.

Ainda, incidente aferível nessa fase é o concurso de crimes, para o qual o CPM adotou regras distintas. Quando os crimes forem da mesma espécie, a regra adotada é do cúmulo material (somam-se as penas), ao passo que, tratando-se de crimes de espécies diferentes, adota-se a regra da exasperação, em que a pena única será a do crime mais grave, mas com aumento correspondente à metade do tempo das menos graves, ressalvado o disposto no art. 58 (art. 79 do CPM).

Encerrando este capítulo, no que tange à **fixação do regime inicial de cumprimento da pena**, o CPM é omisso quanto aos critérios, restando como baliza a utilização do art. 33, parágrafo 2°, do Código Penal comum por analogia.

Capítulo 3

Ramo penal militar: Parte Especial do Código Penal Militar

O conhecimento e o domínio dos principais institutos, princípios e conceitos constantes na Parte Geral do Código Penal Militar (CPM) – Decreto-Lei n. 1.001, de 21 de outubro de 1969 – até aqui estudados permitirão a segura e exata interpretação, identificação e aplicação prática da Parte Especial, que trata dos crimes militares em espécie.

A Parte Especial do CPM é composta de dois livros: Livro I – Dos Crimes Militares em Tempo de Paz (art. 136 ao art. 354) e Livro II – Dos Crimes Militares em Tempo de Guerra (art. 355 ao art. 410).

De seu manuseio, percebemos que há um vasto número de condutas tipificadas (crimes propriamente e impropriamente militares), das quais, aqui, abordaremos apenas os delitos militares em tempos de paz mais recorrentes na práxis forense militar.

Por uma questão prática, não adentraremos no estudo dos crimes militares em tempos de guerra, porque ligados à hipótese de sua declaração pelo Brasil, possibilidade remota diante da adoção, como princípio norteador da República em suas relações internacionais, de soluções pacíficas de conflitos, conforme disposto no inciso VII do art. 4° da Constituição Federal (CF) de 1988. Portanto, em razão desse princípio pacifista, não beligerante, a possibilidade de declaração de guerra resta ligada a situações reativas a ataques à soberania nacional, fato que se espera não ocorrer em qualquer tempo.

Pois bem, ingressemos no estudo dos crimes em espécie.

— 3.1 —

Crime de violência contra superior ou militar de serviço

Esse crime está alocado no Título II da Parte Especial, que trata dos crimes contra a autoridade ou disciplina militar, e visa tutelar tanto a hierarquia quanto a disciplina militar, pois a agressão do militar inferior macula a autoridade do superior agredida perante o próprio agente e perante terceiros que tenham presenciado ou que dela venham saber. No tocante à disciplina, a agressão do inferior ao superior, sem dúvidas, afeta a ordem disciplinar vigente, podendo gerar a falsa percepção de sua inexistência, perturbando a regularidade da instituição.

Violência contra superior

Art. 157. Praticar violência contra superior:

Pena – detenção, de três meses a dois anos.

Formas qualificadas

§ 1º Se o superior é comandante da unidade a que pertence o agente, ou oficial general:

Pena – reclusão, de três a nove anos.

§ 2º Se a violência é praticada com arma, a pena é aumentada de um terço.

§ 3º Se da violência resulta lesão corporal, aplica-se, além da pena da violência, a do crime contra a pessoa.

> § 4º Se da violência resulta morte:
>
> Pena – reclusão, de doze a trinta anos.
>
> § 5º A pena é aumentada da sexta parte, se o crime ocorre em serviço. (Brasil, 1969a, grifo do original)

Trata- se de crime propriamente militar, com a especial particularidade de que somente o militar com graduação ou posto inferior ao do ofendido pode ser sujeito ativo desse crime. A hierarquia militar é aferível pelo conceito fornecido pelo próprio *codex* militar em seu art. 24.

Ressalva há de ser feita no sentido de que o militar inativo também poderá ser sujeito ativo desse tipo penal quando estiver empregado na administração militar (art. 12 do CPM) e a situação de violência se verifique contra superior funcional, igualmente subsumir-se-á ao tipo penal.

Quanto ao sujeito passivo, o titular do bem jurídico atingido é, imediatamente (diretamente), a instituição militar, figurando o próprio superior ofendido como sujeito passivo mediato (indireto). Poderá causar estranheza o fato de que o sujeito passivo imediato seja a instituição militar, e não o próprio superior agredido, todavia, como estudado na parte afeta aos bens jurídicos protegidos pela norma, vimos que sempre, de modo direto ou indireto, a disciplina e a hierarquia, visando à regularidade das instituições militares, são tuteladas pela norma penal militar. É o caso: a agressão ao superior perturba a ordem e a autoridade, podendo causar distúrbios, desvios indesejados e incompatíveis com a necessária manutenção disciplinar dentro da caserna. Não sem motivos, o legislador inseriu-o no título que trata dos crimes contra a autoridade ou disciplina militar.

A elementar *violência* deve ser compreendida, em acepção ampla, como qualquer coação física, podendo configurar-se desde vias de fato até o resultado morte.

O tipo penal militar ainda prevê situações objetivas que qualificam a conduta e endurecem a pena cominada em abstrato.

Em que pese o dispositivo trazer a expressão *formas qualificadas* ao iniciar a descrições típicas dos parágrafos, temos sua presença apenas nos parágrafos 1º e 4º do art. 157, incidindo majorantes nos parágrafos 2º e 5º do mesmo dispositivo do CPM.

Por *qualificadora*, devemos entender a agregação de elementares eleitas pelo legislador que alteram as penas mínima e máxima cominadas em abstrato e que constituem um tipo derivado autônomo ou independente. Portanto, nesse caso, o magistrado parte dessa "pena autônoma" para a fixação da reprimenda.

Por sua vez, *majorante* é causa de aumento de pena aplicada mediante uma fração à sanção estabelecida no tipo penal descrita em lei ou, quando não prevista, por fixação proporcional e razoável devidamente fundamentada pelo magistrado, devendo ser avaliada na terceira fase da dosimetria da pena.

Com relação ao parágrafo 3º do art. 157 do CPM, optou o legislador pelo cúmulo material de condutas. Referida opção não advém de qualquer norma prevista no CPM, mas, senão, como dito, por opção do legislador em punir mais severamente a violência que cause lesões corporais, que reputamos como *cúmulo material impróprio*.

Pois bem, dispõe o parágrafo 1º do art. 157 do CPM que, se a violência for praticada contra superior comandante da unidade a que pertença o agente ou ocorra contra oficial-general, a pena será de reclusão de três a nove anos. Para fins de aplicação dessa norma penal, equipara-se o comandante, para o efeito da aplicação da lei penal militar, a toda autoridade com função de direção, conforme disposição do art. 23 do CPM. Por exemplo, colégios e hospitais militares têm diretores, e não comandantes, mas que a este se equipararão em razão desse dispositivo.

O parágrafo 2º do art. 157 do CPM traz como majorante a aplicação da fração de um terço como aumento da pena se a violência for praticada com arma de fogo.

No parágrafo 3º do art. 157 do CPM, como dito, haverá o "cúmulo material impróprio", caso resulte lesão corporal, serão aplicas as penas referentes à violência e do crime contra a pessoa (art. 209, § 1º ou § 2º, do CPM, a depender da gravidade).

O parágrafo 4º do art. 157 do CPM prevê a seguinte qualificadora: aplicação abstrata de pena de 12 a 30 anos caso resulte morte do superior, comandante da unidade a que pertença o autor ou oficial-general.

Importantíssimo destaque deve ser feito em relação aos parágrafos 3º e 4º desse dispositivo. As condutas neles descritas enquadram-se na modalidade *preterdolosa* de crime. Significa dizer, que o agente tem o dolo no crime antecedente (dolo de violência) e culpa no crime consequente – culpa na lesão corporal (§ 3º) ou na morte (§ 4º). Nesses casos, quando as provas do caso concreto demonstrarem tais circunstâncias, deverá ser aplicado o disposto no art. 159 do CPM: "Art. 159. Quando da violência resulta morte ou lesão corporal e as circunstâncias evidenciam que o agente não quis o resultado nem assumiu o risco de produzi-lo, a pena do crime contra a pessoa é diminuída de metade" (Brasil, 1969a).

Ainda, há de se observar também as disposições previstas no art. 47 do CPM, que elenca as situações em que as qualidades de superior e inferior desaparecem para fins caracterização do crime:

> **Elementos não constitutivos do crime**
>
> Art. 47. Deixam de ser elementos constitutivos do crime:
>
> I – a qualidade de superior ou a de inferior, quando não conhecida do agente;
>
> II – a qualidade de superior ou a de inferior, a de oficial de dia, de serviço ou de quarto, ou a de sentinela, vigia, ou plantão, quando a ação é praticada em repulsa a agressão. (Brasil, 1969a, grifo do original)

Como última nota digna de ressalva, por expressa vedação legal, não cabe suspensão condicional da pena, conforme prevê o art. 88, inciso II, alínea "a", do CPM.

— 3.2 —

Crime de violência contra militar de serviço

Para uma melhor compreensão desse crime, é importante iniciar com a leitura do artigo do CPM:

> **Violência contra militar de serviço**
>
> Art. 158. Praticar violência contra oficial de dia, de serviço, ou de quarto, ou contra sentinela, vigia ou plantão:
>
> Pena – reclusão, de três a oito anos.
>
> **Formas qualificadas**
>
> § 1° Se a violência é praticada com arma, a pena é aumentada de um terço.
>
> § 2° Se da violência resulta lesão corporal, aplica-se, além da pena da violência, a do crime contra a pessoa.
>
> § 3° Se da violência resulta morte:
>
> Pena – reclusão, de doze a trinta anos. (Brasil, 1969a, grifo do original)

Pois bem, esse dispositivo visa resguardar, além da disciplina, a própria segurança da unidade militar. Nessa razão, reputando grave e perigosa a conduta de praticar violência contra militar de serviço, prevê pena de reclusão de dois a oito anos. Por *militar de serviço* devemos compreender o militar de serviço nas dependências da unidade militar.

O art. 158 dispõe sobre os sujeitos passivos mediatos, pois, conforme explanado no crime de violência contra superior, o tipo penal em comento visa tutelar primeiramente a instituição militar. Os sujeitos passivos mediatos são os oficiais (a exemplo, no Exército, do 2º Tenente, do 1º Tenente e do Capitão), bem como os sentinelas, vigias ou plantão (praças).

As atribuições de cada um dos sujeitos passivos mediatos descritos no dispositivo são previstas nos Regulamentos Internos e Serviços Gerais (RISG) de cada uma das Forças Armadas e das Polícias e dos Bombeiros Militares de cada estado.

A exemplo, no Exército Brasileiro, o *Oficial de Dia* desempenha papel de relevância, visto que é o representante do comandante da unidade militar e, entre suas 37 atribuições previstas nos incisos do art. 197 do RISG n. 51/2003, destacamos a prevista no inciso XVIII: "conservar em seu poder, durante a noite e a partir das vinte e uma horas, as chaves das prisões e de todas as entradas do quartel, menos a do portão principal, que permanece com o Cmt Gd;" (Brasil, 2003).

Portanto, entendeu o legislador que a prática de violência contra esses sujeitos passivos, visto que desempenham papéis importantes ligados à segurança da unidade militar, tem gravidade acentuada capaz de justificar cominação abstrata de pena alta.

Trata-se de crime impropriamente militar, em que pode figurar como sujeito ativo qualquer pessoa, embora, como regra, seja o militar.

No que tange aos parágrafos do art. 158 do CPM, remetemos às considerações feitas sobre o art. 157 do CPM, visto que se aplicam de igual forma.

Igualmente ao art. 157, por expressa vedação legal, não cabe suspensão condicional da pena, conforme prevê o art. 88, inciso II, alínea "a" do CPM.

— 3.3 —
Crime de insubordinação

O crime de insubordinação encontra-se descrito no art. 163 do CPM, inserto no Capítulo IV do Título II, o qual trata dos crimes de desrespeito a superior e a símbolo nacional ou a farda: "Art. 163. Recusar obedecer a ordem do superior sobre assunto ou matéria de serviço, ou relativamente a dever imposto em lei, regulamento ou instrução: Pena – detenção, de um a dois anos, se o fato não constitui crime mais grave" (Brasil, 1969a).

A conduta incriminada consiste na recusa do militar de obedecer à ordem de seu superior:

> Recusar obedecer significa exatamente o mesmo que desobedecer ou não obedecer, motivo pelo qual o verbo correto, em nosso entendimento, deveria ter sido desobedecer. O objeto da não submissão do militar é a ordem de seu superior, em assuntos de serviço, mas também no tocante a dever legal, regulamentar ou de instrução. (Nucci, 2014, p. 270)

Os bens jurídicos protegidos são, obviamente, a hierarquia e a disciplina, já que o crime consta no Título II do CPM, que trata dos crimes contra a autoridade ou disciplina militares.

Trata-se de crime propriamente militar, em que somente o militar da ativa poderá ser sujeito ativo. Igualmente aqui, o sujeito passivo imediato será a instituição militar, figurando mediatamente a autoridade desprestigiada.

O termo *serviço* referido pelo dispositivo deve ser entendido como qualquer serviço, desde que se enquadre nas atribuições e nas competências técnicas do subordinado e que seja realizado em prol do interesse público. Recusa à ordem de execução de serviços particulares não se enquadra no tipo em questão.

A recusa deve ser pessoal, ou seja, individual. Ocorrendo recusa conjunta (dois ou mais militares), não se trata do crime de insubordinação, mas sim do crime previsto no art. 149 do CPM (motim).

A fim de que não haja equívoco interpretativo, é importante destacar que o crime de insubordinação difere do crime de desobediência (art. 301 do CPM), uma vez que a conduta deste último se refere, basicamente, ao particular, quando este se volta contra a Administração Pública Militar, ou seja, quando não acata ordem emanada de militar. Na insubordinação, o sujeito ativo será sempre o militar, ao passo que na desobediência, como dito, o autor poderá ser um civil.

— 3.4 —

Crime de insubmissão

O crime de insubmissão, previsto no art. 183, é o primeiro descrito do Título III da Parte Especial do CPM, o qual dispõe sobre os tipos penais que visam tutelar o serviço militar e o dever militar.

> **Insubmissão**
>
> Art. 183. Deixar de apresentar-se o convocado à incorporação, dentro do prazo que lhe foi marcado, ou, apresentando-se, ausentar-se antes do ato oficial de incorporação:
>
> Pena - impedimento, de três meses a um ano.
>
> **Caso assimilado**
>
> § 1º Na mesma pena incorre quem, dispensado temporariamente da incorporação, deixa de se apresentar, decorrido o prazo de licenciamento.
>
> **Diminuição da pena**
>
> § 2º A pena é diminuída de um terço:
>
> a) pela ignorância ou a errada compreensão dos atos da convocação militar, quando escusáveis;
>
> b) pela apresentação voluntária dentro do prazo de um ano, contado do último dia marcado para a apresentação. (Brasil, 1969a, grifo do original)

A insubmissão é crime que atenta contra o serviço e o dever militar praticado pelo brasileiro que deixa de atender à convocação para prestação do serviço militar obrigatório, conforme dispõe o art. 5º da Lei n. 4.375, de 17 de agosto de 1964, o qual visa à composição dos quadros das Forças Armadas (Brasil, 1964). É dever do jovem, ao completar 18 anos, alistar-se em uma das Forças Armadas e, se considerado apto, ocorrerá sua convocação para prestar o serviço militar no ano em que atingir 19 anos, momento em que deverá apresentar-se, sob pena de incorrer na conduta incriminada descrita no tipo penal.

A conduta do civil é omissiva consistente em deixar de apresentar-se, furtar-se ao serviço militar chamado sob ordem, eis que obrigatório. Conduta equivalente e que configura o crime ocorre quando o jovem acata o chamamento, mas se retira antes de oficializada sua incorporação, nos termos do art. 25 da Lei n. 4.375/1964:

> Art. 25. O convocado selecionado e designado para incorporação ou matrícula, que não se apresentar à Organização Militar que lhe for designada, dentro do prazo marcado ou que, tendo-o feito, se ausentar antes do ato oficial de incorporação ou matrícula, será declarado insubmisso.
>
> Parágrafo único. A expressão "convocado à incorporação", constante do Código Penal Militar (art. 159), aplica-se ao selecionado para convocação e designado para a incorporação ou matrícula em Organização Militar, o qual deverá apresentar-se no prazo que lhe for fixado. (Brasil, 1964)

A conduta em comento "equivale à não apresentação, pois de nada adianta comparecer ao mesmo tempo em que se esquiva da integração. A primeira conduta é omissiva, praticada num único ato, portanto, sem possibilidade de tentativa. A segunda é comissiva, admitindo tentativa" (Nucci, 2014, p. 286-287).

Importante distinguir as consequências jurídicas "cíveis-penais" ao brasileiro que, após alistar-se, não acata o chamamento ou que se apresenta e ausenta-se antes da incorporação daquele que não se apresenta para a seleção durante a época de seleção do contingente de sua classe ou que, tendo-o feito, ausenta-se sem a ter completado (art. 24 da Lei n. 4.375/1964).

No primeiro caso, como visto, incorrerá o brasileiro no crime de insubmissão ora estudado. Com relação ao segundo caso, não praticará o crime de insubmissão, pois não foi chamado sob ordem a se apresentar para o serviço militar obrigatório depois de reputado como apto, mas deixou de se alistar ou se ausentou sem tê-lo completado. Nesse caso, conforme dispõe o art. 24 da Lei n. 4.375/1964, será considerado **refratário** e haverá limitações de ordem civil, mas não criminal.

Ao brasileiro refratário é imposta multa e estará impedido de:

- obter passaporte ou prorrogar sua validade;
- prestar exame ou matricular-se em qualquer estabelecimento de ensino;
- obter carteira profissional/registro;
- inscrever-se em concurso para provimento de cargo público; e
- exercer cargo público.

Entendida a adequação típica, o sujeito ativo será sempre um civil. Por sua vez, o sujeito passivo será a instituição militar afetada e, via de consequência, o Estado, visto que as Forças Armadas são instituições permanentes e essenciais à manutenção da República.

Frisamos que, para configuração do crime de insubmissão, a convocação do jovem ao serviço militar – chamamento sob ordem – deve, necessariamente, ser clara, objetiva e apta a demonstrar sua ampla ciência, conforme preconiza a Súmula n. 7 do STM:

> O crime de insubmissão, capitulado no art. 183 do CPM, caracteriza-se quando provado de maneira inconteste o conhecimento pelo conscrito da data e local de sua apresentação para incorporação, através de documento hábil constante dos autos. A confissão do indigitado insubmisso deverá ser considerada no quadro do conjunto probatório. (Brasil, 2020c)

Não obstante a obrigatoriedade da apresentação quando do claro, inequívoco e apto chamamento da Força Armada escolhida pelo brasileiro, há uma situação que afeta inúmeros jovens brasileiros: a condição de arrimo de família. O civil que, no ato do alistamento militar, declarar-se comprovadamente como arrimo de família, responsável pelo sustento do lar e, ainda assim, for convocado e não comparecer, quando processado, poderá alegar em sua defesa defeito no ato, a fim de livrar-se da aplicação da lei penal militar, conforme preconiza o art. 14 do CPM: "Art. 14. O defeito do ato de incorporação não exclui a aplicação da lei penal militar, salvo se alegado ou conhecido antes da prática do crime" (Brasil, 1969a).

Em decorrência dessa situação, não raro acontece de o jovem, ao alistar-se, não declarar sua condição de arrimo de família e, quando convocado, não comparecer porque, obviamente, está trabalhando para prover o sustento da família. Nesse caso, em que pese não ter informado previamente, se processado, deverá demonstrar que a incorporação às Forças Armadas prejudicaria o sustento de sua família ou que recebeu, no ínterim alistamento-convocação, proposta mais vantajosa de trabalho, balizando sua defesa no art. 39 do CPM, que dispõe sobre a inexigibilidade de conduta diversa:

> **Estado de necessidade, com excludente de culpabilidade**
>
> Art. 39. Não é igualmente culpado quem, para proteger direito próprio ou de pessoa a quem está ligado por estreitas relações de parentesco ou afeição, contra perigo certo e atual, que não provocou, nem podia de outro modo evitar, sacrifica direito alheio, ainda quando superior ao direito protegido, **desde que não lhe era razoavelmente exigível conduta diversa**. (Brasil, 1969a, grifos do original e nosso)

Conforme dito, são situações que ocorrem com certa frequência e precisam ser do conhecimento do operador do direito, seja como advogado, seja como defensor público, ou como membro do Ministério Público ou da magistratura. Proporcionalidade e razoabilidade devem estar sempre presentes no atuar das partes integrantes da seara penal como um todo, sob pena de somente, cega e indesejavelmente, subsumirem-se fatos às normas.

No que tange às hipóteses de diminuição de pena constantes do parágrafo 2° do art. 183 do CPM, será diminuída de um terço nas seguintes situações:

- alínea "a": pela ignorância ou errada compreensão dos atos da convocação militar, quando escusáveis. Conforme Nucci (2014), trata-se de situação de erro de tipo. Exemplificativamente: trabalhador rural de pouca cultura e instrução desconhece a obrigação referente ao serviço militar, razão pela qual interpreta mal o ato de chamamento.
- alínea "b": trata de período complementar previsto legalmente, que não afasta a punição de quem não se apresenta, mas pode reduzir a pena, desde que o agente o faça voluntariamente, sem qualquer coação física ou moral.

Ressaltamos, por fim, o Tiro-de-Guerra (TG), curso que tem finalidades militares na formação de atiradores, bem como na formação da reserva para o Exército, o qual se efetiva mediante matrícula pelo jovem brasileiro, portanto, difere da convocação, expressa no tipo penal em estudo, conforme posicionamento firmado pelo Supremo Tribunal Federal (STF) no Recurso em *Habeas Corpus* n. 77.477/SP:

> O crime de insubmissão previsto no art. 183, do CPM ("deixar de apresentar-se o convocado à incorporação, dentro do prazo que lhe foi marcado, ...") aplica-se apenas aos convocados para prestação de serviço militar em organização militar da ativa. Com esse entendimento, a Turma, por falta de justa causa, deu provimento a recurso de habeas corpus para trancar a ação

> penal instaurada contra o paciente, civil, que deixara de se apresentar para matrícula em Tiro-de-Guerra, órgão de formação de reserva (Lei 4.3 75/64, art. 59). Precedentes citados: RHC 77.271-MG (DJU de 13.11.98); RHC 77.293-MG (julgado pela Primeira Turma em 15.9.98; acórdão pendente de publicação); RHC 77.290-MG (DJU de 27.11.98); RHC 77.272-MG (DJU de 6.11.98). (Brasil, 1999c)

Desta feita, de acordo com posicionamento pacífico do STF (HC n. 77.293; HC n. 77.290; e HC n. 77.272), o não comparecimento no TG não enseja infringência ao art. 183 do CPM.

— 3.5 —
Crime de deserção

O crime de deserção encontra-se descrito no art. 187, inserto no Capítulo II do Título III do CPM, que trata exclusivamente da deserção, ou seja, dos crimes contra a autoridade ou disciplina militar. Nesse tipo penal, os bens jurídicos afetados são a disciplina militar (ausentar-se sem licença) e o serviço militar. A literalidade do tipo penal militar é clara: "Art. 187. Ausentar-se o militar, sem licença, da unidade em que serve, ou do lugar em que deve permanecer, por mais de oito dias: Pena – detenção, de seis meses a dois anos; se oficial, a pena é agravada" (Brasil, 1969a).

O núcleo essencial do crime de deserção é *ausentar-se*, que significa "retirar-se, sair de determinado local". Por *local* deve-se entender, diante da previsão legal, aquele que o militar serve ou que deva permanecer por obrigação advinda de sua atividade ou por designação pelo lapso temporal superior a oito dias.

O sujeito ativo desse do crime de deserção será sempre o militar da ativa. O sujeito passivo é o Estado.

O crime de deserção consuma-se com o decurso do prazo de oito dias de ausência, exatamente no primeiro momento do nono dia. No entanto, estamos diante de crime de natureza permanente, que é aquele cuja consumação (efeitos) prolonga-se pelo tempo. Esse prolongamento (permanência dos efeitos) do crime cessa com a apresentação voluntária do desertor ou com sua captura. Como exemplo clássico de crime permanente podemos citar o crime de sequestro ou cárcere privado, previsto no art. 225 do CPM e no 148 do Código Penal comum, em que os efeitos da privação da liberdade, por uma ou por outra conduta, perduram enquanto a vítima estiver sob o poder do agente, cessando-se no momento em que ela for recolocada em liberdade.

A natureza permanente do crime de deserção é tema pacificado tanto no Superior Tribunal Militar (STM) quanto no STF. Vejamos a decisão do STF no *Habeas Corpus* n. 111.130/DF:

> EMENTA: HABEAS CORPUS. CONSTITUCIONAL. PEDIDO DE RECONHECIMENTO DA PRESCRIÇÃO DA PRETENSÃO PUNITIVA. ALEGAÇÃO DE QUE O CRIME DE DESERÇÃO SERIA INSTANTÂNEO: IMPROCEDÊNCIA. ALEGAÇÃO DE NULIDADE DECORRENTE DA INSPEÇÃO DE SAÚDE PARA REINCORPORAÇÃO DO MILITAR DESERTOR AO EXÉRCITO TER SIDO REALIZADO POR UM SÓ MÉDICO: IMPLAUSIBILIDADE JURÍDICA. ORDEM DENEGADA.

> 1. A jurisprudência deste Supremo Tribunal é firme no sentido de que o crime de deserção é permanente; a permanência cessa com a apresentação voluntária ou captura do agente; e quando o criminoso completar vinte e um anos depois da apresentação voluntária ou da captura, o prazo da prescrição não é reduzido pela metade.
>
> 2. A inspeção de saúde para reincorporação não se equipara às perícias médicas, que têm natureza probatória e destinam-se, naturalmente, a outras finalidades. Ainda que se considerasse idêntico o rigor na formação da inspeção de saúde e da perícia médica, a exigência de subscrição do laudo pericial por dois peritos justifica-se, apenas, nos casos em que os 'experts' são leigos, sendo válido, no entanto, o laudo técnico, quando elaborado por um só perito oficial. Precedentes.
>
> 3. A regra estabelecida no art. 318 do Código de Processo Penal Militar não é absoluta.
>
> 4. Ordem denegada. (Brasil, 2012e)

Uma decorrência dessa natureza permanente é a possibilidade conferida a qualquer pessoa e o dever do militar de promover a prisão em flagrante delito do desertor a qualquer tempo após o primeiro momento do nono dia de ausência, nos termos do art. 243 do Código Processual Penal Militar (CPPM) – Decreto-Lei n. 1.002, de 21 de outubro de 1969: "Art. 243. Qualquer pessoa poderá e os militares deverão prender quem for insubmisso ou desertor, ou seja encontrado em flagrante delito" (Brasil, 1969b).

O lapso temporal de oito dias previsto no dispositivo legal é chamado de *período de graça*, em que, apresentando-se o militar em sua unidade, não infringirá o disposto no art. 187 do CPM, não incorrendo na conduta incriminada. Todavia, praticará transgressão disciplinar a ser apurada mediante procedimento administrativo disciplinar.

Antecipando um aspecto processual que será analisado na sequência, nos termos do art. 452 do CPPM, apresentando-se voluntariamente ou sendo capturado o desertor, será ele preso. Se não for julgado no prazo de 60 dias, deve ser posto em liberdade, desde que não tenha dado causa a retardo do processo, conforme dispõe o art. 453 do CPPM. Vejamos decisão do STM no *Habeas Corpus* n. 0000008-67.2012.7.00.0000/RJ:

> Sendo a deserção um crime propriamente militar, a prisão daquele que comete o crime do artigo 187 do CPM, ao apresentar-se voluntariamente ou ao ser capturado, encontra respaldo no artigo 452 do CPPM, dispositivo esse que está em plena vigência, dado que foi recepcionado pela Constituição Federal de 1988. (Brasil, 2012d)

Uma das condições da ação penal para processamento do crime de deserção perante a Justiça Militar da União é a obrigatoriedade de que, após o desertor apresentar-se ou sua captura, passe por inspeção de saúde, a fim de comprovar sua aptidão para a reincorporação. Se reprovado, perderá a condição de militar porque não será reincorporado. Com a perda da condição de militar por esse crime, inexistirá a possibilidade de ser processado perante a Justiça Militar, visto que, tornando-se um civil, o crime em comento não se enquadra em nenhuma das hipóteses previstas no inciso III do art. 9º do CPM.

Importante destaque há de se fazer quanto à inaplicabilidade dos institutos da Lei n. 9.099/1995 (composição civil, transação penal e suspensão condicional do processo) por força do disposto em seu art. 90-A. A jurisprudência do STM é pacífica nesse sentido, em razão da gravidade do crime no âmbito castrense. Vejamos a decisão desse tribunal superior na Apelação n. 0000098-97.2010.7.08.0008/PA: "Não há que se comparar o crime de Deserção com crimes de menor potencial ofensivo, bem como aplicar-lhe institutos de Direito Penal comum, considerando a gravidade desse crime no âmbito castrense" (Brasil, 2012a).

Com relação ao princípio da insignificância, este tem pouquíssimo espaço, para não dizer que é inaplicável, conforme reiterada jurisprudência, em razão dos bens jurídicos tutelados (hierarquia e disciplina). O STF assim decidiu no *Habeas Corpus* n. 118.255/PR:

> II – É **relevante e reprovável** a conduta de um militar que abandona o serviço militar, apesar do dever de cumpri-lo até seu desligamento na forma legalmente estabelecida, o que demonstra desrespeito às leis e às instituições castrenses de seu País.

> III – O crime de deserção ofende aos princípios da hierarquia e da disciplina, preceitos constitucionais sobre os quais se fundam as Forças Armadas, constituindo a ausência injustificada de militares ilícito penal, na medida em que a ofensa ao bem jurídico tem impacto direto sobre o efetivo militar e as bases de organização das Forças Armadas. (Brasil, 2013e, grifo nosso)

O parágrafo único do art. 187 prevê agravante caso o desertor seja oficial. "A qualidade especial do agente – ser oficial – torna mais grave a deserção, não somente pelo exemplo esperado dos oficiais às praças, mas sobretudo pela rigorosa disciplina existente no cenário militar" (Nucci, 2014, p. 291-292).

Sendo omisso o tipo penal com relação à fração a ser aplicada, o *quantum* de agravação se pautará pelo art. 73[1] do CPM.

O art. 189 do CPM, em seus incisos I e II, prevê hipóteses especiais de agravação e atenuação da pena:

> Art. 189. Nos crimes dos arts. 187 e 188, ns. I, II e III:
>
> **Atenuante especial**
>
> I – se o agente se apresenta voluntariamente dentro em oito dias após a consumação do crime, a pena é diminuída de metade; e de um terço, se de mais de oito dias e até sessenta;

1 "Art. 73. Quando a lei determina a agravação ou atenuação da pena sem mencionar o quantum, deve o juiz fixá-lo entre **um quinto e um terço**, guardados os limites da pena cominada ao crime." (Brasil, 1969a, grifo nosso)

> **Agravante especial**
>
> II – se a deserção ocorre em unidade estacionada em fronteira ou país estrangeiro, a pena é agravada de um terço. (Brasil, 1969a, grifo do original)

Conforme se verifica pelo inciso I desse dispositivo, existem duas gradações da atenuação da pena quando houver a apresentação voluntária do desertor. A primeira prevê a diminuição da metade da pena quando o militar, depois de consumado o crime, apresenta-se em até oito dias. A segunda prevê as situações em que, passado esse prazo, a pena será diminuída de um terço se a apresentação ocorrer após oito dias da consumação e antes de completar 60 dias.

Já no que diz respeito à agravante especial, a deserção torna-se mais grave quando ocorre em faixa de fronteira ou em país estrangeiro, pois a segurança externa do Brasil fica mais exposta a riscos, aumentando-se a pena em um terço.

A prescrição do crime de deserção regula-se pelo disposto no art. 132 do CPM, que dispõe que, embora decorrido o prazo da prescrição, esta só extingue a punibilidade quando o desertor atinge a idade de 45 anos e, se oficial, a de 60 anos.

> Permanecendo foragido, regula-se a prescrição pelo critério da idade (45 anos para não oficial; 60 anos para oficial), pouco importando o prazo prescricional regular, que se daria em quatro anos, pois o máximo em abstrato da pena é de dois anos. Entretanto, na mesma linha sustentada para o caso previsto

> no artigo anterior (insubmisso), se o desertor for preso ou encontrado de outra forma pelo Estado, regula-se a prescrição pelo tempo normal, com base no art. 125. (Nucci, 2014, p. 243)

Há previsão também de casos que são reputados como assimilados pelo CPM, conforme estabelece o art. 188:

> **Casos assimilados**
>
> Art. 188. Na mesma pena incorre o militar que:
>
> I - não se apresenta no lugar designado, dentro de oito dias, findo o prazo de trânsito ou férias;
>
> II - deixa de se apresentar a autoridade competente, dentro do prazo de oito dias, contados daquele em que termina ou é cassada a licença ou agregação ou em que é declarado o estado de sítio ou de guerra;
>
> III - tendo cumprido a pena, deixa de se apresentar, dentro do prazo de oito dias;
>
> IV - consegue exclusão do serviço ativo ou situação de inatividade, criando ou simulando incapacidade. (Brasil, 1969a, grifo do original)

Essas figuras equiparadas, de acordo com Nucci (2014, p. 292),

> consideram-se modelos de conduta similares à deserção as condutas descritas pelo art. 188. Observa-se serem ações (criar ou simular incapacidade para ser excluído do serviço ativo, como faz o civil, para não ser convocado, nos termos do art. 184) ou omissões (deixar de se apresentar em determinado

> local) tendentes a se subtrair do serviço militar. O sujeito ativo é o militar. O passivo é o Estado. Todas as figuras contêm o prazo de oito dias, elemento condicionante para a concretização da deserção, razão pela qual não se admite tentativa. Ou o prazo é suplantado e o crime está consumado, ou não se atinge o período e o fato é atípico.

Há previsão, no art. 190 do CPM, de modalidade do crime nominada *deserção especial*, que consiste na conduta de "Deixar o militar de apresentar-se no momento da partida do navio ou aeronave, de que é tripulante, ou do deslocamento da unidade ou força em que serve", cuja pena aplicada é de detenção de até três meses, "se após a partida ou deslocamento se apresentar, dentro de vinte e quatro horas, à autoridade militar do lugar, ou, na falta desta, à autoridade policial, para ser comunicada a apresentação ao comando militar competente" (Brasil, 1969a).

Caso a apresentação ocorra após 24 horas, mas não exceda cinco dias, a pena será de detenção, de dois a oito meses (art. 190, § 1º, do CPM). Se a apresentação se der após cinco dias, mas não exceder oito dias, a pena será de detenção de três meses a um ano (art. 190, § 2º, do CPM). Ocorrendo a apresentação após oito dias, a pena será de detenção de seis meses a dois anos (art. 190, § 2º-A, do CPM). Há a previsão de aumento de pena, para todas as modalidades especiais, de um terço, quando se tratar de sargento, subtenente ou suboficial, e de metade, se oficial (art. 190, § 3º, do CPM).

Dispõe o CPM, em seu art. 191, sobre a modalidade do crime de deserção que "envolve o ajuste ou a combinação de militares para a execução da ausência de unidade ou posto. Tratando-se da preparação de um delito, não comporta tentativa. Sob outro aspecto, o crime é plurissubjetivo, exigindo-se dois ou mais agentes para a sua configuração" (Nucci, 2014, p. 294).

Se a deserção não chegar a consumar-se (tentativa), a pena será de detenção de três meses a um ano. Caso consume-se, qualifica-se a pena restando cominada pena de reclusão de dois a quatro anos.

Ainda, no art. 192 do CPM, há previsão da modalidade denominada *deserção por evasão ou fuga*, que consiste na conduta do militar de evadir-se do poder da escolta, ou de recinto de detenção ou de prisão, ou fugir em seguida à prática de crime para evitar prisão, permanecendo ausente por mais de oito dias, cuja pena é de detenção de seis meses a dois anos.

Nessa modalidade, cumpre fazer algumas ressalvas no que tange à descrição da conduta prevista no citado art. 192 "ou fugir em seguida à prática de crime para evitar prisão" (Brasil, 1969a). Essa hipótese descreve, hipoteticamente, uma situação em que o militar pratica um crime de furto, seja de natureza comum (art. 155 do Código Penal comum) ou militar (art. 240 do CPM) e fuja para lograr-se solto e permaneça mais de oito dias ausente da base militar em que presta serviço, momento em que pratica o crime de deserção.

Não parece relevante essa expressa previsão nem foi recepcionada pela CF de 1988. Primeiramente, porque o preceito secundário dessa norma não difere do preceito secundário do *caput* do art. 187 do CPM (detenção de seis meses a dois anos). Em segundo lugar, a conduta de ausentar-se sem licença por mais de oito dias é a própria conduta incriminada prevista no *caput* do art. 187 do CPM. Em terceiro lugar, o militar será processado e julgado pelo cometimento de ambos os crimes, devendo-se verificar, a depender do caso concreto, qual circunstância do art. 79 do CPM incidirá (concurso de crimes). Com base no exemplo proposto, cometendo o crime de furto do art. 240 CPM (pena de reclusão) e essa modalidade de deserção (pena de detenção), a pena única será mais grave com aumento correspondente à metade do tempo da menos grave, porque são penas de espécies diferentes. Em quarto lugar, ninguém será compelido a produzir provas contra si ante o princípio da presunção de inocência (art. 5º, LVII, da CF de 1988; Artigo 8, item 2, da Convenção Interamericana de Direitos Humanos – Pacto de San José da Costa Rica). Em quinto lugar, afastando qualquer entendimento em defesa de um "direito à fuga", é instintivo, natural, que o agente que pratique um crime, ainda que por vezes acobertado por alguma excludente de ilicitude ou culpabilidade, tenda a fugir.

Derradeiramente, nos arts. 193 e 194 do CPM estão previstas as condutas de terceiros que de algum modo favoreçam ou auxiliem o desertor.

O art. 193 do CPM pretende tutelar a disciplina militar. Nas palavras de Nucci (2014, p. 296),

> Dar asilo significa conferir proteção ou abrigo, tendo por objeto o desertor (militar que abandona as fileiras). A expressão utilizada, na primeira parte do tipo, é exagerada, pois a concessão de asilo, como regra, pressupõe algum tipo de perseguição injusta, o que não é o caso. A permanência do militar na sua unidade é seu dever, de modo que, se alguém o auxilia a se subtrair de sua obrigação, não está dando asilo, no mais puro sentido do termo, mas participando de um delito. As outras formas típicas preveem a tomada do serviço do desertor (colocá-lo para trabalhar sob seu mando) ou oferecer condição favorável (proporcionar ou facilitar) para que obtenha transporte (supõe-se que para uma fuga) ou outro meio de ocultação (esconderijo). Não deixa de ser um autêntico crime de favorecimento pessoal no cenário da deserção. Aliás, não houvesse a figura típica do art. 193, quem assim agisse responderia do mesmo modo, porém como partícipe do crime de deserção.

Prevê o parágrafo único do art. 193 do CPM, nos mesmos termos do favorecimento pessoal (art. 350, § 2°, do CPM), que não haverá punição para o ascendente, descendente, cônjuge ou irmão do delinquente. Vale dizer que, por opção de política criminal, não há obrigação de familiares de voltar as costas ao agente autor de crime, bem como não há obrigatoriedade de familiares figurarem como testemunha de acusação, nos termos do art. 354 do CPPM.

Por fim, o art. 194 do CPM incrimina a conduta do oficial que deixa "de proceder contra desertor, sabendo, ou devendo saber encontrar-se entre os seus comandados", cuja pena prevista é de detenção de seis meses a um ano (Brasil, 1969a).

Trata-se de conduta omissiva do oficial, cujo elemento subjetivo é o dolo, devendo zelar pela disciplina de seus subordinados, sabendo que o militar criminoso (desertor) figura entre seus comandados, deixa de tomar providências.

— 3.6 —
Crime de abandono de posto

Esse crime está inserto no Capítulo III do Título III da Parte Especial do CPM, o qual trata dos crimes que atentam contra o serviço militar: "Art. 195. Abandonar, sem ordem superior, o posto ou lugar de serviço que lhe tenha sido designado, ou o serviço que lhe cumpria, antes de terminá-lo: Pena – detenção, de três meses a um ano" (Brasil, 1969a).

Trata-se de crime propriamente militar, cujo sujeito ativo é o militar da ativa, figurando como sujeito passivo próprio Estado.

Ainda, é crime formal, cuja consumação se dá no ato do abandono, não se exigindo qualquer resultado naturalístico para tanto, conforme inferimos do teor da Apelação n. 0000011-04.2009.7.04.0004/MG, julgada pelo STM "O crime de abandono de posto não exige para a sua consumação a existência de norma regulatória das atribuições do militar de serviço, configurando-se o delito pela mera ausência desautorizada da OM, ainda que no período de descanso noturno" (Brasil, 2012b).

O bem jurídico protegido pela norma penal militar é a disciplina. A rígida disciplina da corporação como um todo deve ser mantida, não se admitindo que o militar designado para permanecer em um posto ou permanecer em qualquer lugar de serviço na unidade em que esteja servindo, por designação superior, abandone-o - deixe-o sem amparo, largue-o - sem ordem expressa do superior, sendo esse o elemento normativo do tipo.

— 3.7 — Crime de homicídio

O crime de homicídio está previsto no art. 205 do CPM, primeiro alocado no Título IV, que tipifica os crimes contra a pessoa.

Ontologicamente, o tipo penal de homicídio visa tutelar a vida, bem maior da natureza humana, da qual decorrem todos os demais princípios que norteiam a própria existência.

Importante destacar de início que o estudo do crime de homicídio, primeiro crime impropriamente militar previsto no CPM, não difere substancialmente do tipo penal do art. 121 do Código Penal comum, residindo diferenças no acréscimo do inciso IV no parágrafo 2° (qualificadoras) do art. 205 do CPM, hipótese em que o agente pratica o homicídio prevalecendo-se da situação de serviço.

Portanto, o que chama atenção no estudo do art. 205 do CPM não diz respeito, especificamente, à questão substantiva (material) já conhecida em sua extensão (simples e qualificado), mas sim à questão substantiva (processual) que o circunda relativamente à atribuição para apuração desse tipo penal e, via de consequência, à competência jurisdicional para processar e julgar crimes dolosos contra a vida de civil cometidos por militares (art. 9°, II, § 1º, do CPM e arts. 124 e 125, § 4°, da CF de 1988). Tal tema suscita divergência na jurisprudência e que será abordado quando do estudo do ramo processual penal militar. Vejamos o teor do dispositivo:

> **Homicídio simples**
>
> Art. 205. Matar alguém:
>
> Pena - reclusão, de seis a vinte anos.
>
> **Minoração facultativa da pena**
>
> § 1º Se o agente comete o crime impelido por motivo de relevante valor social ou moral, ou sob o domínio de violenta emoção, logo em seguida a injusta provocação da vítima, o juiz pode reduzir a pena, de um sexto a um terço.
>
> **Homicídio qualificado**
>
> § 2° Se o homicídio é cometido:
>
> I - por motivo fútil;
>
> II - mediante paga ou promessa de recompensa, por cupidez, para excitar ou saciar desejos sexuais, ou por outro motivo torpe;

> III – com emprego de veneno, asfixia, tortura, fogo, explosivo, ou qualquer outro meio dissimulado ou cruel, ou de que possa resultar perigo comum;
>
> IV – à traição, de emboscada, com surpresa ou mediante outro recurso insidioso, que dificultou ou tornou impossível a defesa da vítima;
>
> V – para assegurar a execução, a ocultação, a impunidade ou vantagem de outro crime;
>
> VI – prevalecendo-se o agente da situação de serviço:
>
> Pena – reclusão, de doze a trinta anos. (Brasil, 1969ª, grifo do original)

Qualquer pessoa pode figurar como sujeito ativo, devendo-se entender *pessoa* na acepção ampla de *ser humano*. O sujeito passivo é qualquer pessoa com vida, na medida em que matar um morto trata-se de crime impossível, conforme disposto no art. 32 do CPM[2], tornando a conduta atípica. Ensina Bitencourt (2015, p. 542): "o objeto é absolutamente impróprio para a realização do crime visado. Aqui também a inidoneidade tem de ser absoluta. Há crime impossível, por exemplo, nas manobras abortivas em mulher que não está grávida; no disparo de arma de fogo, com *animus necandi*, em cadáver".

O início da vida se dá com a concepção. Em verdade, o direito protege a vida desde sua formação embrionária, contudo,

---

2 Crime impossível: "Art. 32. Quando, por ineficácia absoluta do meio empregado ou **por absoluta impropriedade do objeto, é impossível consumar-se o crime, nenhuma pena é aplicável**" (Brasil, 1969a, grifo nosso).

e obviamente, para fins de caracterização do crime de homicídio, a ofensa à vida ocorrerá a partir do momento do parto. Antes desse momento, ocorrerá o crime de aborto. Portanto, é a vida extrauterina a protegida pela norma penal. Com relação ao momento da morte, consuma-se com a cessação das funções cerebrais (morte cerebral). Trata-se, assim, de delito material, admitindo tentativa.

O crime de homicídio previsto no art. 205 do CPM, tal qual o do art. 121 do Código Penal comum, é doloso, seja na modalidade simples, privilegiada ou qualificada.

O *caput* do art. 205 trata do homicídio simples, cuja pena cominada é de reclusão de 6 a 20 anos.

O parágrafo 1º do art. 205 traz, nominativamente, possibilidade de minoração facultativa de pena. Em verdade, trata-se de causa especial de diminuição de pena, tal qual prevista no parágrafo 1º do art. 121 do Código Penal comum. É o comumente chamado *homicídio privilegiado.*

Não se trata de uma figura privilegiada, pois, se assim fosse, haveria, anexo ao preceito primário, um preceito secundário cominando abstratamente pena menor que a constante do *caput.* Não é o caso, tem-se a disposição de limites mínimo e máximo (entre um sexto e um terço) em que o magistrado fixará a diminuição da pena.

Referida modalidade incidirá quando, logo em seguida à injusta provocação da vítima, tomado por motivo de relevante valor social ou moral ou sob o domínio de violenta emoção, o agente comete o crime, devendo o juiz reduzir a pena de um sexto a um terço.

Constatada no caso concreto a incidência da minorante, como direito subjetivo do réu que é, deverá o magistrado aplicá-la na terceira fase da aplicação da pena, fixando-lhe o *quantum* que, a depender, poderá conduzir a pena abaixo do mínimo prevista abstratamente no preceito secundário do tipo penal, porém restrita aos limites da espécie de pena (reclusão, no caso), conforme preveem os arts. 76 e 58 do CPM, nessa ordem.

Importante destacar que, para incidir tal minorante, a ação/reação do agente deve ser imediata, instantânea. Se não for esse o caso, estar-se-á diante de atenuante prevista no art. 72, inciso III, alínea "c", que tem sua aplicação na segunda fase da dosimetria da pena e sua redução não pode ultrapassar o mínimo legal previsto.

Em situações excepcionais, poderão incidir no caso concreto mais de uma causa de diminuição de pena prevista no parágrafo 1º do art. 205 do CPM. Nucci (2014) descreve exemplo em que um traidor da pátria (art. 355 do CPM) agride verbalmente e faz chacota do patriotismo de alguém que repudiou seus atos. O ofendido, impelido por violenta emoção, mata o traidor. Nesse caso, duas causas de diminuição de pena podem ser valoradas pelo magistrado – relevante valor moral elimina um traidor da pátria e domínio de violenta emoção logo em seguida após injusta provocação da vítima – em momentos distintos, sem que haja *bis in idem*, tal qual ocorre quando o crime comporta mais de uma qualificadora. O magistrado poderá aplicar a atenuante do relevante valor moral, prevista no art. 72, inciso I, alínea "a", do CPM, que incidirá na segunda fase da dosimetria da pena, e o reconhecimento da violenta emoção logo em seguida da injusta provocação da vítima incidente na terceira fase.

O parágrafo 2º do art. 205 do CPM prevê as circunstâncias que qualificam o crime de homicídio.

Os incisos I ao V guardam correlação exata aos já verificados quando do estudo do art. 121, parágrafo 2º, do Código Penal comum, motivo pelo qual remetemos à revisitação do Capítulo 1, Seção 1.3, desta obra.

No entanto, o CPM prevê, no inciso VI do art. 205, exclusivamente, circunstância na qual o agente se prevalece, portanto o militar, de sua situação de serviço para cometimento do crime de homicídio (tentado ou consumado). Trata-se de circunstância objetiva em que o militar tira proveito da sua condição de serviço em que, muitas das vezes, trabalha armado, favorecendo dessa maneira a execução do crime contra a vida.

— 3.8 —
Crime de embriaguez ao volante

O crime de embriaguez ao volante está previsto no art. 279, alocado no Título VI do CPM, o qual dispõe sobre os crimes contra a incolumidade pública, e inserto em seu Capítulo I, que trata dos crimes de perigo comum.

Embriaguez ao volante

Art. 279. Dirigir veículo motorizado, sob administração militar na via pública, encontrando-se em estado de embriaguez, por bebida alcoólica, ou qualquer outro inebriante:

Pena – detenção, de três meses a um ano. (Brasil, 1969a, grifo do original)

Trata-se de crime descrito como delito de perigo abstrato, em que a consumação ocorre independentemente de haver resultado naturalístico (dano) para configurar-se. Portanto, é um crime formal.

Pela descrição típica, o sujeito ativo pode ser tanto o militar quanto o civil. Embora como regra seja o militar, o civil que preste serviço à administração militar e que esteja dirigindo veículo sob a administração militar em via pública embriagado responderá por esse crime. Conforme a nominação do Título VI em que se insere ("Dos Crimes Contra a Incolumidade Pública"), o sujeito passivo é a sociedade, visando a norma penal tutelar a segurança viária.

O elemento subjetivo é o dolo, inexistindo qualquer elemento subjetivo especial nem se pune tentativa, pois basta o movimentar do veículo para que o crime se consume. Logo, o crime se consuma quando praticadas as elementares do tipo: dirigir + veículo motorizado sob administração militar + na via pública + em estado de embriaguez. Sobre o tema, vejamos o Recurso Criminal n. 1999.01.006614-0/RS, julgado pelo STM:

> RECURSO CRIMINAL. Lesões corporais culposas. Acidente de trânsito envolvendo viatura militar e ofendido civil. Incompetência do Juízo Militar. Denúncia, também, quanto ao crime de embriaguez ao volante (art. 279 do CPM). Para a definição da competência desta justiça especializada, importa, quanto às lesões corporais culposas, saber a missão confiada ao militar. *In casu*, o agente não estava em serviço nem atuando em razão de sua função. Estava simplesmente se dirigindo para sua residência. Antecedente da Corte: RC nº 5.785-0-RJ. **Quanto à acusação de infração do Art. 279 do CPM, tratando-se de crime de mera conduta, seu caráter é autônomo**, independente do crime de lesões corporais culposas. A incompetência da Justiça Militar da União se manifesta para o julgamento do crime de lesões corporais culposas, **devendo a ação penal prosseguir, neste foro, quanto ao crime do Art. 279 do CPM**. Provimento parcial do recurso do MPM. Unânime. (Brasil, 2000, grifo nosso)

Por *embriaguez* deve-se compreender como a intoxicação aguda do organismo pelo álcool ou outra substância inebriante.

Ressaltamos que, com o advento da Lei n. 13.491, de 13 de outubro de 2017, que tornou os crimes comuns em crimes militares por extensão quando enquadrados nas hipóteses do art. 9º do com (Brasil, 2017b), aplica-se o art. 279 do CPM em homenagem ao princípio da especialidade, e não o art. 306 do Código Nacional de Trânsito.

— 3.9 —
Crime de tráfico de drogas

O crime de tráfico, posse ou uso de entorpecente ou substância de efeito similar, previsto no art. 290, também está alocado no Título VI do CPM, que dispõe sobre dos crimes contra a incolumidade pública, todavia, inserto no Capítulo III, que trata dos crimes contra a saúde.

> **Tráfico, posse ou uso de entorpecente ou substância de efeito similar**
>
> Art. 290. Receber, preparar, produzir, vender, fornecer, ainda que gratuitamente, ter em depósito, transportar, trazer consigo, ainda que para uso próprio, guardar, ministrar ou entregar de qualquer forma a consumo substância entorpecente, ou que determine dependência física ou psíquica, em lugar sujeito à administração militar, sem autorização ou em desacordo com determinação legal ou regulamentar:
>
> Pena - reclusão, até cinco anos.
>
> **Casos assimilados**
>
> § 1º Na mesma pena incorre, ainda que o fato incriminado ocorra em lugar não sujeito à administração militar:
>
> I - o militar que fornece, de qualquer forma, substância entorpecente ou que determine dependência física ou psíquica a outro militar;

> II – o militar que, em serviço ou em missão de natureza militar, no país ou no estrangeiro, pratica qualquer dos fatos especificados no artigo;
>
> III – quem fornece, ministra ou entrega, de qualquer forma, substância entorpecente ou que determine dependência física ou psíquica a militar em serviço, ou em manobras ou exercício.
>
> **Forma qualificada**
>
> § 2° Se o agente é farmacêutico, médico, dentista ou veterinário:
>
> Pena – reclusão, de dois a oito anos. (Brasil, 1969a, grifo do original)

Trata-se de tipo penal de perigo abstrato que, para consumar-se, tal qual o crime de embriaguez ao volante, independe de resultado naturalístico (dano).

O sujeito ativo desse delito pode ser tanto o militar quanto o civil que o pratique nas dependências militares próprias ou por extensão. O sujeito passivo é a coletividade, visando tutelar a saúde da sociedade como um todo.

Conforme percebemos da leitura do tipo penal, este compõe-se de 11 verbos, bastando para sua consumação, tal qual seu correspondente na legislação penal especial comum (art. 33 da Lei n. 11.343, de 23 de agosto de 2006 – Brasil, 2006), a

> prática de qualquer um dos verbos nele constantes + substância (matéria, que possui propriedades específicas) entorpecente (algo tóxico que provoca alterações psíquicas e analgésicas) ou que determine (provoque necessariamente)

> dependência (sujeição) física (estado mórbido provocador de alteração do organismo) ou psíquica (estado mórbido provocador de alteração mental, gerando sensação de bem-estar) + em local sujeito à administração militar. (Nucci, 2014, p. 445)

Sobre o tema, vejamos o que decidiu o STM nos Embargos n. 0000160-84.2010.7.03.0103/DF:

> A conduta censurada no artigo 290, caput, do Código Penal Militar (CPM) reputa proteção jurídica voltada objetivamente à preservação da saúde pública. Crime de perigo, bastando apenas a presunção do perigo, não havendo a necessidade de materializar o dano contra a incolumidade das pessoas. A simples guarda da substância entorpecente já é condição suficiente para a caracterização do crime de tráfico, posse ou uso de entorpecente. Não se aplica o princípio da insignificância do fato na Justiça Castrense, uma vez que a conduta incriminadora afeta o moral da tropa, e a potencialidade da droga pode causar lesão a um número indeterminado de pessoas. (Brasil, 2013c)

Tal qual o crime de embriaguez ao volante, com o advento da Lei n. 13.491/2017, reiteramos aqui, tornou-se possível que crimes de toda legislação penal possam configurar crimes militares por extensão se enquadrados nas situações do art. 9° do CPM, aplicando-se, em homenagem ao princípio da especialidade, o art. 290 do CPM, e não o art. 33 da Lei n. 11.343/2006, e estendendo-se tal entendimento às Justiças Militares dos estados, conforme prevê a Súmula n. 14 do STM: "Tendo em vista a especialidade da legislação militar, a Lei n. 11.343, de 23 de agosto de 2006, que instituiu o Sistema Nacional de Políticas Públicas sobre Drogas, não se aplica à Justiça Militar da União" (Brasil, 2020c).

O elemento subjetivo é o dolo, inexistindo qualquer elemento subjetivo especial nem se pune tentativa, pois, como visto, basta a prática de qualquer um dos 11 verbos constantes da norma penal militar.

No entanto, em que pese a descrição das elementares do tipo, não se descreve o que é "substância entorpecente, ou que determine dependência física ou psíquica, em lugar sujeito à administração militar, sem autorização ou em desacordo com determinação legal ou regulamentar" (Brasil, 1969a), tratando, pois, de norma penal em branco.

De forma breve, *normal penal em branco* significa que a norma penal depende de um complemento para sua aplicabilidade. Nucci (2014, p. 446) assevera a necessidade de complementação da expressão *substância entorpecente* "por norma específica, originária de órgão governamental próprio, vinculado ao Ministério da Saúde, encarregado do controle das drogas, em geral, no Brasil, que, por ora, é a Agência Nacional de Vigilância Sanitária (Anvisa)" e que, atualmente, é a Portaria n. 344, de 12 de maio de 1998 (Brasil, 1998).

Todavia, essa "necessária complementação" para preenchimento do "branco" normativo vem sendo relativizada pela jurisprudência do STM, que, em inúmeros casos, vem entendendo que a utilização de cola de sapateiro, substância não prevista no rol proibitivo, deve ser considerada como substância que causa efeito similar. Sobre o tema, vejamos o teor do *Habeas Corpus* n. 0000161-61.2016.7.00.0000/BA e do *Habeas Corpus* n. 0000004-69.2008.7.00.0000/MS, ambos julgados pelo STM, respectivamente:

> HABEAS CORPUS. TRANCAMENTO DE AÇÃO PENAL MILITAR (APM). IMPETRAÇÃO CALCADA EM AUSÊNCIA DE DOLO E EM ERRO DE TIPO, CONVERTENDO NA ATIPICIDADE DA CONDUTA. EXAME DETALHADO DE PROVAS. IMPOSSIBILIDADE EM SEDE DE HC. PRESENÇA DE JUSTA CAUSA. PROSSEGUIMENTO DA AÇÃO PENAL MILITAR (APM) PELO ESTADO. ORDEM DENEGADA.
>
> 1) Perfaz a justa causa, para a instauração da APM, a identificação de suficientes elementos indiciários relativos à autoria e à materialidade delitivas. No contexto, os autos revelam um mínimo de indícios para o processamento regular da ação penal, cujas questões de fato e de direito deverão ser oportunamente examinadas, no âmbito do devido processo legal, à luz do contraditório e da ampla defesa.
>
> 2) No tocante à incursão de agente no art. 290 do CPM, importa considerar a regência especial do aludido dispositivo, o qual prevê, dentre os seus núcleos típicos, a conduta de "ter em depósito", "trazer consigo" e "guardar" substância entorpecente, ou que determine dependência física ou psíquica, em lugar sujeito à Administração Militar, sem autorização ou em desacordo com determinação legal ou regulamentar.

Independe, nessas circunstâncias, para os efeitos de responsabilização penal, da demonstração da efetiva propriedade do material entorpecente.

3) Embora não esteja inserido na Portaria nº 344/98-ANVISA, na qualidade específica de entorpecente, o diclorometano, assim como o tolueno (cola de sapateiro), encontra-se previsto na referida norma como insumo químico utilizado para a fabricação e a síntese de entorpecentes e/ou psicotrópicos. Por isso, apoiado em perícia técnica, é possível obter o indicativo acerca da potencialidade que possui aquele tipo de substância para causar dependência psíquica em eventual usuário.

4) A existência de fundada controvérsia em torno dos fatos inviabiliza a utilização do remédio constitucional do habeas corpus, que não admite-mister o caráter sumaríssimo do qual se reveste-dilação probatória, nem permite o exame aprofundado de matéria fática, tampouco comporta a análise valorativa de elementos de prova. Precedentes do STF. 5) Ordem denegada. Decisão unânime. (Brasil, 2016a)

HABEAS CORPUS. ENTORPECENTE. COLA DE SAPATEIRO. FALTA DE AMPARO LEGAL. Militar denunciado no art. 290 do CPM por uso de "cola de sapateiro". Apesar de não ser classificada como entorpecente, a "cola de sapateiro" é, sem sombra de dúvida, substância que causa efeito semelhante, cuja consequência é de determinar a dependência física/psíquica, como de fato restou comprovado no exame pericial realizado. Carece o presente habeas corpus de fundamento legal, uma vez que não há razão para o trancamento da ação penal. Habeas Corpus denegado. Decisão por maioria. (Brasil, 2009)

Tanto a jurisprudência quanto a doutrina entendem pela inaplicabilidade do princípio da insignificância. Nucci (2014, p. 446) ensina que, para o tipo penal do art. 290,

> constituindo crime de perigo abstrato e estando em jogo a saúde pública, não vale a excludente de tipicidade. Além do mais, quando cometido em área militar, em jogo está também o interesse da instituição. Sob outro aspecto, o tipo penal militar não diferenciou o tráfico ilícito de drogas para comércio ou para uso próprio; ao contrário, a conduta trazer consigo faz expressa referência a carregar a droga para qualquer finalidade ("ainda que para uso próprio"). Na verdade, é inadmissível que, na vida militar, cuja disciplina é imperiosa, possa-se acolher a tese da insignificância, quando há o envolvimento de entorpecente.

Por sua vez, no mesmo sentido o STF, no *Habeas Corpus* n. 116.312/RS, assim decidiu:

> A jurisprudência da Corte é igualmente firme no sentido de que "a posse, por militar, de substância entorpecente, independentemente da quantidade e do tipo, em lugar sujeito à administração castrense (art. 290, caput, do Código Penal Militar), não autoriza a aplicação do princípio da insignificância. O art. 290, caput, do Código Penal Militar não contraria o princípio da proporcionalidade e, em razão do critério da especialidade, não se aplica a Lei n. 11.343/2006" (HC 104.564-AgR/RS, Primeira Turma, Relatora a Ministra Cármen Lúcia, DJe 27/5/11). (Brasil, 2013d)

O parágrafo 2º do art. 290 do CPM prevê a modalidade qualificadora do crime em função da qualidade do sujeito ativo. Significa dizer que se reputa mais grave a infração penal caso o autor tenha maior facilidade de acesso às drogas, podendo inclusive prescrevê-las. Por exemplo: um oficial médico do Exército ou propriamente um médico civil que adentre em uma unidade militar portando entorpecente.

Derradeiramente, tecemos uma crítica à insuficiência da pena cominada abstratamente ao tipo penal do art. 290 do CPM, cuja cominação em abstrato é de 1 a 5 anos de reclusão, ao passo que seu correspondente na legislação penal especial (art. 33 da Lei n. 11.343/2006) é de 5 a 15 anos de reclusão.

A Ministra Maria Elizabeth Rocha do STM fez prudente observação acerca da desproporcionalidade do tratamento penal mais gravoso dado ao civil em relação ao militar:

> É inconcebível que um militar trafique dentro de um quartel, um local onde se encontram homens armados, investidos do monopólio da força legítima pelo Estado. [...] De um militar se exige a defesa da Pátria, dos poderes constituídos e da lei e da ordem, por isso uma conduta tão grave deve ser apenada com rigor. Lamentavelmente, a lei vigente só autoriza ao magistrado uma condenação máxima de 5 anos. (Moura, 2019)

Nesse sentido, dada a importância do papel de que se revestem as carreiras militares, percebemos ser deveras mais gravosa a pena destinada ao civil que cometa o crime de tráfico de drogas, o que legitima vozes autorizadas a tecer severas críticas.

— 3.10 —
Crime de peculato

O crime de peculato está previso no art. 303 do CPM, dispositivo alocado no Capítulo II do Título VII, que disciplina os tipos penais que atentam contra a administração militar. Vejamos:

> **Peculato**
>
> Art. 303. Apropriar-se de dinheiro, valor ou qualquer outro bem móvel, público ou particular, de que tem a posse ou detenção, em razão do cargo ou comissão, ou desviá-lo em proveito próprio ou alheio:
>
> Pena - reclusão, de três a quinze anos.
>
> § 1º A pena aumenta-se de um terço, se o objeto da apropriação ou desvio é de valor superior a vinte vezes o salário mínimo.
>
> **Peculato-furto**
>
> § 2º Aplica-se a mesma pena a quem, embora não tendo a posse ou detenção do dinheiro, valor ou bem, o subtrai, ou contribui para que seja subtraído, em proveito próprio ou alheio, valendo-se da facilidade que lhe proporciona a qualidade de militar ou de funcionário.
>
> **Peculato culposo**
>
> § 3º Se o funcionário ou o militar contribui culposamente para que outrem subtraia ou desvie o dinheiro, valor ou bem, ou dele se aproprie:
>
> Pena - detenção, de três meses a um ano.

> **Extinção ou minoração da pena**
>
> § 4º No caso do parágrafo anterior, a reparação do dano, se precede a sentença irrecorrível, extingue a punibilidade; se lhe é posterior, reduz de metade a pena imposta. (Brasil, 1969a, grifo do original)

O crime de peculato e suas modalidades, como visto, afetam diretamente a administração militar, que deve ser entendida como a "a própria harmonia da instituição, abrangendo sua administração, o decoro de seus integrantes, etc. As infrações aqui enquadradas são as que atingem a organização, existência e a finalidade da instituição, bem como o prestígio moral da administração" (Neves, 2018, p. 575).

O *caput* do art. 303 do CPM descreve as condutas típicas das modalidades *peculato-apropriação* (*apropriar-se* significa "tomar como propriedade sua, apossar-se") e *peculato-desvio* (*desviar* quer dizer "alterar o destino, desencaminhar").

Como sujeito ativo o tipo penal só comporta a figura do funcionário público como agente, seja o militar, seja o civil, que atue perante a administração da Justiça Militar União face à limitação da competência para julgar civis da Justiça Militar estadual (art. 125, § 4º, da CF de 1988). É chamado de *delito próprio* em razão da exigência de qualidade especial do agente. O sujeito passivo, de plano, é o Estado. Secundariamente, a entidade de direito público ou o particular prejudicado. Sobre o tema, vejamos o que decidiu o STM na Apelação n. 0000002-50.2006.7.03.0303/RS:

> APELAÇÃO. PECULATO-DESVIO. MINISTÉRIO PÚBLICO MILITAR. [...]
>
> 5. O crime de peculato é praticado contra a Administração Pública e não contra o patrimônio, sendo certo que o dano necessário e suficiente para a sua consumação é aquele inerente à violação do dever de fidelidade para com ela.
>
> 6. O peculato-desvio caracteriza-se quando o funcionário, muito embora sem ânimo de apossamento definitivo, emprega o objeto material em fim diverso de sua destinação, em proveito próprio ou alheio. A expressão posse descrita no tipo penal deve ser tomada em sentido amplo, não importando se direta ou indireta, incluindo-se, pois, a detenção. (Brasil, 2012c)

Os objetos do crime são o dinheiro, coisas de valor ou outro bem móvel. Conforme Nucci (2014, p. 463),

> dinheiro é a moeda em vigor, destinada a proporcionar a aquisição de bens e serviços; valor é tudo aquilo que pode ser convertido em dinheiro, possuindo poder de compra e trazendo para alguém, mesmo que indiretamente, benefícios materiais; outro bem móvel é fruto da interpretação analógica, isto é, dados os exemplos – dinheiro e valor –, o tipo penal amplia a possibilidade de qualquer outro bem, semelhante aos primeiros, poder constituir a figura do peculato.

Ainda quanto ao objeto, pode pertencer à Administração Pública ou a particular (integrante ou não da Administração), todavia, em ambas as hipóteses, necessita estar em poder do funcionário público (agente) em razão de seu cargo. Podemos citar aqui o exemplo da apropriação de bem particular pelo carcereiro que, em razão do cargo, fica com bens ou valores pertencentes ao preso.

Contudo, não se tratará de crime de peculato se o carcereiro tomar dinheiro dos detentos para lhes fazer favor pessoal (comprar algo, por exemplo), mas sim do crime de apropriação indébita caso não devolva a quantia ou não entregue o bem objeto do favor.

No CPM, corretamente há previsão tanto da posse quanto da detenção dos objetos do crime. Para melhor compreensão, Nucci (2014, p. 463) cita como exemplo

> o funcionário que necessita fazer uso de seu cargo para obter a posse de dinheiro, valor ou outro bem móvel. Não estando na esfera de suas atribuições o recebimento de determinado bem, não falará em peculato, mas sim na configuração de outro crime. O policial, por exemplo, não tem atribuição para receber valor correspondente a fiança. Se o fizer, pode se configurar corrupção passiva ou apropriação indébita, conforme o caso.

Trata-se de crime cujo elemento subjetivo é o dolo, que exige o especial ânimo de apropriar-se definitivamente do bem ou de desviá-lo para benefício próprio ou de outrem. Ainda que funcionário público alegue em sua defesa que pretendia devolver o bem à esfera administrativa, não se mostra suficiente para tornar sua conduta atípica, pelo que deverá fazer prova cabal, não se tratando de inversão do ônus da prova, mas sim da comprovação objetiva de que não agiu com ânimo de apropriação nem de desvio, que, a *prima facie*, possam restar configurados pela conduta levada a cabo.

Por sua vez, o parágrafo 1º do art. 303 do CPM prevê causa de aumento de pena de um terço nos casos em que o valor do objeto material do qual o agente se apropriou ou desviou seja superior a 20 vezes o valor do salário mínimo.

O parágrafo 2º do art. 303 do CPM disciplina a modalidade *peculato-furto*, que se configura pela conduta do funcionário público de subtrair (tirar de quem tem a posse ou a propriedade) os objetos descritos no *caput* do mesmo dispositivo. Não se exige para configuração dessa modalidade que o funcionário tenha o bem sob sua guarda, como é necessário para a figura do *caput*.

Ainda, essa modalidade prevê outra hipótese, que é contribuir para que o bem seja subtraído, considerando a conduta de o funcionário colaborar para que terceiro subtraia-o da Administração Pública.

Nesse sentido, não é possível falar em configuração do crime de peculato-furto quando o funcionário se utiliza de um bem qualquer infungível (que não pode ser substituído por outro igual) em benefício próprio ou de outrem sem qualquer ânimo de tomar posse. A intenção precisa estar voltada à conquista definitiva do bem móvel. Como exemplo, citamos a utilização em benefício próprio de um veículo que deve ser utilizado apenas para o serviço, configurando um ilícito administrativo.

O elemento normativo dessa modalidade é a facilidade proporcionada pela qualidade de militar ou funcionário, condição para a configuração do peculato-furto. Se houver mera subtração de bem sem a demonstração de que ocorreu em razão da facilidade encontrada pelo cargo do funcionário, o crime será de furto, e não de peculato.

Diferentemente de outros tipos penais em que a jurisprudência entende pela impossibilidade da aplicação do princípio da insignificância, em razão dos bens jurídicos protegidos, quais sejam, hierarquia e disciplina, a jurisprudência do STM vem reconhecendo e aplicando em ambas as modalidades de peculato. Vejamos o teor da Apelação n. 2008.01.051063-0/PE julgada por esse tribunal:

> APELAÇÃO. MPM. CRIME DESCRITO NO ART. 303 DO CPM (PECULATO). INSIGNIFICÂNCIA PENAL DO CASO CONCRETO. PREJUÍZO PATRIMONIAL DE PEQUENO VALOR.
>
> I – A Sentença aplicou o princípio da insignificância à espécie, tendo em vista a manifesta desproporcionalidade entre a pena cominada pelo legislador ao crime de peculato e a conduta praticada pelo acusado, a qual não teve maiores repercussões.
>
> II – A conduta já mereceu resposta no âmbito administrativo, mediante processo administrativo disciplinar com a penalidade de suspensão.
>
> III – Apelo a que se nega provimento – Decisão unânime. (Brasil, 2018a)

Inobstante o posicionamento do STM, há de se ressaltar que o Superior Tribunal de Justiça (STJ) entende incabível aplicação do princípio da insignificância nos crimes contra a Administração Pública (vide HC n. 147.542/GO).

O parágrafo 3° do art. 303 do CPM prevê a modalidade *peculato culposo*, que se configura quando o servidor público (civil ou militar), de forma culposa, especialmente com negligência, contribui para que outrem desvie ou subtraia bem móvel ou dele se aproprie. Nessa modalidade, é necessário que o sujeito ativo tenha a posse ou a detenção da coisa ou sobre ela exerça controle em decorrência de seu cargo ou de sua função, fato que lhe difere do crime de peculato-furto, tendo em vista a conduta de *contribuir* para que haja a subtração do bem móvel. Em outras palavras, o "funcionário, para ser punido, insere-se na figura do garante. Assim, tem ele o dever de agir, impedindo o resultado de ação delituosa de outrem. Não o fazendo, responde por peculato culposo" (Nucci, 2014, p. 465).

Como exemplo, configura a modalidade culposa de peculato o vigia de um prédio público que, desviando-se de sua função de guarda, por negligência, permite que terceiros invadam o lugar e de lá subtraiam bens. O funcionário, nesse caso, infringirá dever de cuidado objetivo, inerente aos crimes culposos, deixando de vigiar como deveria os bens da Administração que estão sob sua tutela. Salientamos, ainda, que essa modalidade de peculato é sempre plurissubjetiva, isto é, necessita da concorrência de pelo menos duas pessoas: o funcionário (garante) e o terceiro que pratica o crime para o qual o primeiro concorre culposamente. É impossível que um só indivíduo seja autor de peculato culposo.

Derradeiramente, o parágrafo 4º do art. 303 do CPM prevê causas de extinção ou minoração da pena, as quais somente se aplicam ao peculato culposo, nos casos em que o agente, antes da sentença condenatória, restitui a Administração Pública, o que enseja a extinção de sua punibilidade. Se o ressarcimento for posterior à sentença condenatória, o agente terá sua pena reduzida à metade.

Capítulo 4

Ramo processual penal militar

Inicialmente, para melhor compreensão da sistemática processual penal militar, é preciso ter em mente que o atual e vigente Código de Processo Penal Militar (CPPM) – Decreto-Lei n. 1.002, de 21 de outubro de 1969 – passou a vigorar em 1º de janeiro de 1970, tendo sido idealizado em um período excepcional da história brasileira (conhecido como *ditadura militar*) (Brasil, 1969b). A atual Constituição Federal (CF) data de 5 de outubro de 1988 e, guiada pelo princípio da dignidade humana, traz em seu bojo inúmeros direitos e garantias fundamentais, como, por exemplo, o devido processo legal (art. 5º, LIV, da CF de 1988) consubstanciado nos princípios da ampla defesa e do contraditório (art. 5º, LV, da CF de 1988).

Nesse contexto, em alguns dispositivos percebemos um anacronismo, que deve ser suprido por uma leitura constitucional do CPPM. Essa referência é importante porque, diante da supremacia da CF de 1988 sobre todas as leis, a interpretação do Decreto-Lei n. 1.002/1969 deve se dar conforme a Carta Magna. Portanto, o CPPM deve submeter-se a todos os princípios e a todas as garantias constantes na CF de 1988, naquilo que se chama de *constitucionalização do direito* como um todo.

Diferentemente do Código de Processo Penal comum – Decreto-Lei n. 3.689, de 3 de outubro de 1941 (Brasil, 1941) –, que, em que pese datar do ano de 1941, sofreu e vem sofrendo inúmeras alterações legislativas a fim de colmatar-se à CF de 1988 e adequar-se às velocidades evolutivas da sociedade, o CPPM, em várias de suas normas, afronta postulados constitucionais e propriamente infraconstitucionais se comparado ao seu homônimo da legislação processual penal comum.

Como exemplo, citamos o art. 77, alínea "h" do CPPM, que dispõe que o Ministério Público Militar poderá arrolar até seis testemunhas na denúncia. Por sua vez, o art. 417, parágrafo 3º, que trata da resposta à acusação, dispõe que poderão ser arroladas até três testemunhas. Claramente, essa discrepância entre o número de testemunhas da acusação e da defesa afronta os princípios constitucionais da ampla defesa e do contraditório, da isonomia, da paridade de armas e sempre, como pano de fundo, da dignidade da pessoa humana.

Nesse sentido, é "necessário internalizar esta realidade, a ponto de dar-lhe concretude em todos os níveis de atuação do Direito, expurgando ou simplesmente não aplicando regras que contrariem esse espírito ainda que expressas na lei" (Neves, 2018, p. 48).

— 4.1 —
Conceito de processo penal militar

Processo penal militar pode ser entendido sob duas acepções, que, ao fim e ao cabo, não farão diferença e se prestam a fundamentar entendimentos doutrinários diversos, mas reputamos importante o conhecimento sobre o tema.

A primeira acepção, sob a perspectiva de uma **teoria geral do processo**, contempla a concepção de *lide* idealizada pelo extraordinário Francesco Carnelutti, trazido por Tourinho Filho (2009), a qual se consubstancia em um conflito de interesses qualificado por uma pretensão resistida. Portanto, com base nessa perspectiva, uma das partes viola o direito de outrem, e, surgido o conflito, o Estado-juiz solucionará essa lide por meio de uma decisão de mérito.

Trazendo essa acepção ao processo penal militar, Neves (2018, p. 86) sustenta:

> a título de premissa, que quando alguém comete um crime militar surge para o Estado, que possui o monopólio do *jus puniendi*, um direito de exercício de punição, resistido pelo acusado, direito esse que somente pode ser alcançado pelo desencadeamento de um conjunto de regras predefinidas e coordenadas, denominado processo penal militar, com suas peculiaridades e arrimado em postulados constitucionais.

Em outras palavras, diante de um crime militar, entende-se que surge para o Estado o direito de punir mediante as regras dispostas no processo penal militar.

A segunda acepção sustenta a impossibilidade de existência de lide quando se trata de seara penal, existindo em essência o poder punitivo estatal, que se desencadeia e se conclui pelo processo penal. Aury Lopes Junior (2019, p. 54) ensina que

> o processo penal é regido pelo Princípio da Necessidade, ou seja, é um caminho necessário para chegar a uma pena. Irrelevante, senão inadequada, a discussão em torno da

> existência de uma lide no processo penal, até porque ela é inexistente. Isso porque não pode haver uma pena sem sentença, pela simples e voluntária submissão do réu. O conceito de lide deve ser afastado do processo penal, pois o poder de apenar somente se realiza no processo penal, por exigência do princípio da necessidade.

Na mesma linha, Lima (2019, p. 39) argumenta que, a partir do momento em que

> alguém pratica a conduta delituosa prevista no tipo penal, este direito de punir desce do plano abstrato e se transforma no *ius puniendi in concreto*. O Estado, que até então tinha um poder abstrato, genérico e impessoal, passa a ter uma pretensão concreta de punir o suposto autor do fato delituoso.

Nesse sentido, *processo penal militar* pode ser definido como o conjunto de regras e procedimentos predefinidos, com suas peculiaridades e arrimado em postulados constitucionais, por meio do qual o Estado-juiz exercerá seu poder punitivo, aplicando ao agente infrator as sanções cominadas na lei penal.

Essa é a acepção mais aceita e reputamos mais acertada, tomando-a aqui como base para nosso estudo.

— 4.2 —

Aplicação da lei processual penal militar

A aplicação da lei processual penal militar pressupõe a análise da incidência de suas normas no tempo, no espaço (território) e com relação às pessoas.

De início, no que diz respeito à questão principiológica geral incidente ao processo penal militar, aplicam-se todos os princípios que incidem no ramo processual penal comum (duplo grau de jurisdição, juiz natural, publicidade, imparcialidade do juiz etc.).

Nessa perspectiva, trataremos aqui dos principais princípios que alicerçam o processo penal militar, bem como daqueles que, por especialidade, aplicam-se somente a esse ramo e que norteiam a aplicação da lei processual penal militar.

Especificamente à normativa processual penal militar, o art. 1º do CPPM dispõe sobre suas fontes, ou seja, os meios pelos quais as normas processuais penais militares ingressam no ordenamento jurídico (leia-se: no CPPM). As fontes são classificadas em material e formal. A **fonte material** do processo penal militar é o próprio CPPM, que somente pode ser alterado pela União, nos termos do art. 22, inciso I, da CF de 1988, o que torna o Estado como sua **fonte formal**.

O parágrafo 1º do art. 1º do CPPM dispõe sobre a prevalência dos **tratados internacionais** sobre a lei processual militar. Assim, as normas de tratados ou convenções de que o Brasil seja signatário ou as que incidam sobre atividade que as Forças Armadas participem e que excepcionem o CPPM prevalecerão sobre as regras nele dispostas.

O art. 2° do CPPM indica que a norma processual penal militar deve ser interpretada de forma **literal**, devendo seus termos técnicos ser compreendidos em sua acepção especial, ou seja, sem qualquer emprego semântico.

A lei processual penal militar, em caso de **omissão**, será suprida pela lei processual pena comum, pela jurisprudência, pelos usos e costumes militares, pelos princípios gerais de direito e pela analogia.

— 4.2.1 —
Aplicação no espaço

Didaticamente, aplicação da lei processual penal militar no espaço significa sua aplicação no território nacional.

O art. 4° do CPPM dispõe sobre a aplicação das normas desse código em tempo de paz (inciso I) e em tempo de guerra (inciso II), ressalvados os tratados e regras de direito internacional tal qual previsão no Código Penal Militar (CPM) – Decreto-Lei n. 1.001, de 21 de outubro de 1969 (Brasil, 1969a).

Nesta obra, abordaremos somente as hipóteses normativas atinentes ao **tempo de paz**, por ser a regra.

Pois bem, a alínea "a" do inciso I do art. 4° do CPPM prevê que as normas processuais penais militares aplicam-se em todo *território nacional*, ou seja, aquele onde o Estado exerce sua soberania, dentro de suas fronteiras, inclusive rios lagos e mares interiores, ilhas e demais terras desprendidas do solo principal. Deve-se somar, ainda, o subsolo, o mar territorial e o espaço aéreo. Neves (2018), exemplificativamente, cita o caso de um militar da ativa do Exército em operação de garantia da lei e da ordem (GLO) em outra unidade federativa que mata dolosamente militar da ativa da Marinha. Nesse caso, há um crime nos termos do art. 205 c/c a alínea "a" do inciso II do art. 9° do CPM, segundo os quais serão aplicadas, sem maiores dificuldades, as disposições do CPPM do inciso I do art. 4°. Em suma, trata o exemplo de crime militar, em tempo de paz, no território brasileiro.

Dispõe a alínea "b" do inciso I do art. 4° do CPPM que as normas processuais penais militares incidirão nos casos que "ocorram fora do território nacional ou em lugar de extraterritorialidade brasileira, quando se tratar de crime que atente contra as instituições militares ou a segurança nacional, ainda que seja o agente processado ou tenha sido julgado pela justiça estrangeira" (Brasil, 1969b). Esse dispositivo trata da regra da **extraterritorialidade**, ou seja, da aplicação da lei processual penal militar a crimes que ocorram fora do território nacional.

Questão importante a ser analisada é a inexistência de tipos penais específicos no CPM que descrevam condutas que atentem contra as instituições militares. Esse impasse inviabiliza a aplicação das normas do CPPM aos crimes praticados fora do território nacional.

Contudo, como solução, Neves (2018, p. 187-188) indica dois caminhos para defini-los:

> 1°. Verificar no caso concreto se o crime cometido afeta mediata ou imediatamente bens jurídicos específicos das Instituições Militares a exemplo o crime de abandono de posto (art. 195 c/c inciso I do art. 9° ambos do CPM) que avilta o serviço militar; mas não seria enquadrado o crime de furto de militar da ativa contra militar da ativa (art. 240 c/c alínea "a", inciso II do art. 9° ambos do CPM) porquanto o bem jurídico imediato afetado diretamente seria o patrimônio do militar vítima e mediatamente seria afetada a regularidade da Instituição Militar;
>
> 2°. Entender que o agente pratica qualquer crime militar intentando atingir, turbar, afetar a Instituição Militar, portanto, com dolo especial, específico, tal qual se interpreta o inciso III do art. 9° do CPM e restar provado na persecução criminal. Por essa visão, ambos os exemplos abandono de posto ou furto visando agredir a Instituição Militar preencheriam esse requisito de forma direta.

Em ambas as hipóteses aventadas, referentes a esse requisito (crimes contra a instituição militar), estaria legitimada a aplicação das normas do CPPM, embora a segunda pareça a melhor opção.

A hipótese de execução das normas processuais penais militares aos crimes contra a segurança nacional perdeu a aplicabilidade em razão do disposto no art. 109, inciso IV, da CF de

1988, que conferiu competência à Justiça Federal para processar e julgar referidos crimes.

Como última análise, a aplicação da lei processual penal militar ocorre independentemente de o agente ter sido processado ou mesmo condenado pela Justiça estrangeira, excetuando-se a eventual existência de tratados, convenções ou regras de direito internacional em sentido diverso.

A alínea "c" do inciso I do art. 4º do CPPM estabelece as hipóteses em que o crime ocorra "fora do território nacional, em zona ou lugar sob administração ou vigilância da força militar brasileira, ou em ligação com esta, de força militar estrangeira no cumprimento de missão de caráter internacional ou extraterritorial" (Brasil, 1969b).

Fora do território nacional, por lógica, são as localidades que, por exclusão, não se encaixam no conceito de território nacional já descrito. *Zona ou lugar* são equivalentes e são, ambos, efetivamente um lugar, trata-se de preciosismo desnecessário do legislador. *Lugar sob a administração militar*, ou seja, de força militar brasileira, conforme Cruz e Miguel (2008, p. 43) descrevem, é aquele que "integra o patrimônio militar, ou, sob sua administração, é o local que as instituições militares desenvolvem suas atividades, como quartéis, navios e aeronaves militares, estabelecimentos de ensino, campos de treinamento, etc.". Por *vigilância da força militar brasileira* entende-se a situação em que a força militar brasileira faça a vigilância de qualquer local, a exemplo, determinação para que militares guarneçam a embaixada brasileira na Argentina.

A parte final dessa norma prevê situação em que o crime ocorra em lugar que a administração seja de força militar estrangeira, mas que, de algum modo, esteja ligada às Forças Militares brasileiras, "ou em ligação com esta, de força militar estrangeira no cumprimento de missão de caráter internacional ou extraterritorial" (Brasil, 1969b). De modo didático, Jorge César de Assis (2007, p. 32) simplifica essa hipótese aduzindo que o dispositivo refere-se "à participação das Forças de Paz brasileiras, em áreas de conflito sob mediação e requisição da Organização das Nações Unidas – ONU, em que a administração ou vigilância estejam a cargo da força militar brasileira ou de força estrangeira com a qual a força pátria estará ligada".

Por sua vez, a alínea "d" do inciso I do art. 4° do CPPM apresenta hipóteses em que o crime ocorra "a bordo de navios, ou quaisquer outras embarcações, e de aeronaves, onde quer que se encontrem, ainda que de propriedade privada, desde que estejam sob comando militar ou militarmente utilizados ou ocupados por ordem de autoridade militar competente" (Brasil, 1969b).

À exceção do trecho "ou quaisquer outras embarcações", esse dispositivo encontra igual correspondência no art. § 1° do art. 7° do CPM. Contudo, a hipótese em destaque está prevista no § 3° do art. 7° do CPM, razão pelas qual se aplica harmonicamente à territorialidade por extensão, incidindo, portanto, as normas do CPPM.

Por fim, a alínea "e" do inciso I do art. 4º do CPPM prevê as hipóteses de ocorrência de crimes "a bordo de aeronaves e navios estrangeiros desde que em lugar sujeito à administração militar, e a infração atente contra as instituições militares ou a segurança nacional" (Brasil, 1969b).

No que tange a esse dispositivo, guarda correspondência com o § 2º do CPM, aplicando-se igualmente o CPPM, excetuando-se a expressa previsão de infrações que atentem contra a segurança nacional, previsão esta que lá inexiste. Contudo, como já visto, os crimes contra segurança nacional passaram a ser processados e julgados pela Justiça Federal, por força do art. 109, inciso IV, da CF de 1988. Portanto, são harmonicamente aplicáveis as normas processuais penais militares a essas hipóteses.

— 4.2.2 —
Aplicação no tempo

A aplicação da lei processual penal militar no tempo, regida pelo princípio *tempus regit actum*, confere aplicabilidade imediata da lei processual penal militar. Significa dizer que, havendo alteração na lei processual militar no decorrer de um processo, todos os atos serão mantidos válidos, passando a tramitar, a partir de então, sob o novel regramento. É o que dispõe o art. 5º do CPM.

O próprio CPPM, a fim de evitar prejuízo ao réu, prevê as regras de transição, conforme previsão de seu art. 711[1], sem prejuízo da validade dos atos realizados sob a vigência da lei anterior.

Exemplo concreto ocorreu com a vigência da Lei n. 9.299/1996, que inseriu o § 2° no art. 82 do CPPM, deslocando a competência da Justiça Militar para a Justiça Comum nos casos de processamento e julgamento dos crimes dolosos contra a vida de civil praticados por militares, fazendo com que todos os processos que tramitavam perante as Justiças Militares fossem deslocados para a Justiça Comum, leia-se, obviamente, Tribunal do Júri, palco dos julgamentos dessa natureza de crime.

Outro exemplo concreto ocorreu com a entrada em vigor da Lei n. 13.491, de 13 de outubro de 2017, que, como vimos, alterou o inciso II do art. 9° do CPM, passando a prever a possibilidade de se reputar como crimes militares todos aqueles da legislação penal desde que enquadrados nas hipóteses nele contidos (Brasil, 2017b). Com isso, todos os processos de militares que tramitavam na Justiça Comum, à exceção dos dolosos contra a vida de civil praticados por militares, foram deslocados para as Justiças Militares.

---

1 Funcionam como regra de transição para não prejudicar o acusado: "Art. 711. Nos processos pendentes na data da entrada em vigor deste Código, observar-se-á o seguinte: a) aplicar-se-ão à prisão provisória as disposições que forem mais favoráveis ao indiciado ou acusado; b) o prazo já iniciado, inclusive o estabelecido para a interposição de recurso, será regulado pela lei anterior, se esta não estatuir prazo menor do que o fixado neste Código; c) se a produção da prova testemunhal tiver sido iniciada, o interrogatório do acusado far-se-á de acordo com as normas da lei anterior; d) as perícias já iniciadas, bem como os recursos já interpostos, continuarão a reger-se pela lei anterior" (Brasil, 1969b).

No que tange à entrada em vigor das normas processuais penais militares, assim como a comum, caso não haja disposição expressa, passa a vigorar após 45 dias de sua publicação, conforme o art. 1º da Lei de Introdução às Normas do Direito (Decreto-lei n. 4.657, de 4 de setembro de 1942 – Brasil, 1942).

— 4.2.3 — Aplicação às Justiças Militares estaduais

Nos termos do art. 6º do CPPM, as normas desse código aplicam-se às Justiças Militares estaduais:

> Art. 6º Obedecerão às normas processuais previstas neste Código, no que forem aplicáveis, salvo quanto à organização de Justiça, aos recursos e à execução de sentença, os processos da Justiça Militar Estadual, nos crimes previstos na Lei Penal Militar a que responderem os oficiais e praças das Polícias e dos Corpos de Bombeiros, Militares. (Brasil, 1969b)

Portanto, o que *per si* parece óbvio, esse artigo dispõe sobre a aplicação das normas do CPPM às Justiças Militares estaduais para crimes militares previstos na lei penal militar.

No que tange à execução das sentenças (condenações), as Justiças Militares estaduais socorrem-se da Lei de Execuções Penais (LEP) – Lei n. 7.210, de 11 de julho de 1984 (Brasil, 1984), salvo nas unidades federativas que contem com regramento próprio, conforme autorizado pelo CPPM nesse dispositivo. Como exemplo, a Justiça Militar do Estado de São Paulo tem presídio militar (Romão Gomes) e regras específicas e exclusivas atinentes à execução penal regulamentada pela Resolução n. 9, de 22 de agosto de 2012 (São Paulo, 2012), de seu Tribunal de Justiça Militar.

Com relação à sistemática recursal, é interessante perceber que o CPPM, em alguns pontos, é divergente quanto à sua aplicabilidade às Justiças Militares estaduais.

Exemplificativamente, a LEP prevê, como único recurso cabível em sede de execução de pena, o recurso de **agravo em execução** (art. 197). Ao seu turno, o CPPM, na alínea "o" do art. 516, prevê como recurso cabível das decisões proferidas em sede execução penal militar o **recurso em sentido estrito**.

No entanto, sendo a LEP aplicável às Justiças Militares estaduais que não têm regramento próprio (praticamente todas), deve ser aplicado seu art. 197, e não o art. 516, alínea "o", do CPPM.

Outro exemplo é o do *habeas corpus* previsto no art. 469 do CPPM, que dispõe que o Superior Tribunal Militar (STM), segunda instância da Justiça Militar da União, será o competente para conhecer da impetração. Em outras palavras, no âmbito da Justiça Militar da União, não se conhece de *habeas corpus* em primeiro grau.

Noutra via, nas Justiças Militares estaduais, por exemplo, diante de atos ilegais de encarregado de inquérito policial militar, eventual *habeas corpus* será dirigido à Auditoria Militar (primeira instância da Justiça Militar dos estados).

— 4.3 —
Polícia Judiciária Militar

De forma muito breve, relembremos as atribuições precípuas das Forças Armadas e das Polícias e dos Bombeiros Militares previstas constitucionalmente.

O art. 142 da CF de 1988 trata das **Forças Armadas**, que são constituídas pela Marinha, pelo Exército e pela Aeronáutica. Trata-se de instituições nacionais permanentes e regulares, organizadas com base na hierarquia e na disciplina, sob a autoridade suprema do presidente da República, e destinam-se à defesa da Pátria, à garantia dos poderes constitucionais e, por iniciativa de qualquer destes, da lei e da ordem.

Sobre as **Forças Auxiliares**, assim estabelece o art. 42 da CF de 1988: "os membros das Polícias Militares e Corpos de Bombeiros Militares, instituições organizadas com base na hierarquia e disciplina, são militares dos Estados, do Distrito Federal e dos Territórios" (Brasil, 1988)

Por sua vez, as atribuições das **Polícias** e dos **Bombeiros Militares** estão previstas no art. 144, inciso IV, parágrafos 4º e 5º, da CF de 1988:

> Art. 144. [...]
>
> [...]
>
> § 4º Às polícias civis, dirigidas por delegados de polícia de carreira, incumbem, ressalvada a competência da União, **as funções de polícia judiciária e a apuração de infrações penais, exceto as militares**.

> §5° Às polícias militares cabem a polícia ostensiva e a preservação da ordem pública; aos corpos de bombeiros militares, além das atribuições definidas em lei, incumbe a execução de atividades de defesa civil. (Brasil, 1988, grifo nosso)

Revisitadas as atividades originárias das Forças Armadas, das Polícias e dos Bombeiros Militares, cumpre ressaltar que o parágrafo 4° do art. 144 da CF de 1988, que trata da segurança pública, trouxe expressamente a atribuição de polícia judiciária militar (Polícias e Bombeiros Militares) para investigar crimes militares, aduzindo caber às polícias civis, ressalvadas a competência da Polícia Federal, as funções de polícia judiciária e a apuração de infrações penais, excetuadas as militares.

No plano federal,

> embora o inciso IV do § 1° do art. 144 da Constituição Federal defina que à Polícia Federal compete exercer com exclusividade a polícia judiciária da União, predomina o entendimento que essa atuação está ligada à competência da Justiça Federal, prevista no art. 109 também da Constituição, de maneira que a polícia judiciária militar da União não seria exercida por ela, mas pelas Forças Armadas. (Neves, 2018, p. 253)

Portanto, seguramente, é atribuição tanto das Forças Armadas quanto das Polícias e dos Bombeiros Militares a investigação das infrações militares praticadas por seus membros ou que se enquadrem nas hipóteses do art. 9° do CPM.

— 4.3.1 —
Conceito e atribuições

Como ponto de partida, segundo Neves (2018, p. 253), a *Polícia Judiciária Militar* é

> um complexo de atividades voltadas à repressão das infrações penais militares, exercendo seu poder de polícia, com a realização de investigações, dos inquéritos policiais, dos autos de prisão em flagrante delito, da instrução provisória de deserção ou de insubmissão, e assim atuando como auxiliar da Justiça Militar.

No art. 7° do CPPM estão previstas as autoridades sobre as quais recairá a atribuição para dar início ao inquérito policial militar.

Depreendemos que o exercício originário dessa atribuição ocorre em razão do cargo/função que desempenham os integrantes dentro de suas corporações:

> Art. 7°. A polícia judiciária militar é exercida nos termos do art. 8°, pelas seguintes autoridades, conforme as respectivas jurisdições:
>
> a) pelos ministros[2] da Marinha, do Exército e da Aeronáutica, em todo o território nacional e fora dele, em relação às forças

2 Por força da Lei Complementar n. 97/1999, criou-se o Ministério da Defesa, vinculado ao Poder Executivo, o qual passou a nomear os Ministros das Forças Armadas de *Comandantes da Forças Armadas.*

e órgãos que constituem seus Ministérios, bem como a militares que, neste caráter, desempenhem missão oficial, permanente ou transitória, em país estrangeiro;

b) pelo chefe do Estado-Maior das Forças Armadas, em relação a entidades que, por disposição legal, estejam sob sua jurisdição;

c) pelos chefes de Estado-Maior e pelo secretário-geral da Marinha, nos órgãos, forças e unidades que lhes são subordinados;

d) pelos comandantes de Exército e pelo comandante-chefe da Esquadra, nos órgãos, forças e unidades compreendidos no âmbito da respectiva ação de comando;

e) pelos comandantes de Região Militar, Distrito Naval ou Zona Aérea, nos órgãos e unidades dos respectivos territórios;

f) pelo secretário do Ministério do Exército e pelo chefe de Gabinete do Ministério da Aeronáutica, nos órgãos e serviços que lhes são subordinados;

g) pelos diretores e chefes de órgãos, repartições, estabelecimentos ou serviços previstos nas leis de organização básica da Marinha, do Exército e da Aeronáutica;

h) pelos comandantes de forças, unidades ou navios; (Brasil, 1969b)

Nos parágrafos 1º ao 5º do art. 7º do CPPM estão previstas situações em que as autoridades originárias competentes para instauração do inquérito policial militar previstas no *caput* podem delegar o exercício de autoridade policial judiciária militar:

> **Delegação do exercício**
>
> § 1º Obedecidas as normas regulamentares de jurisdição, hierarquia e comando, as atribuições enumeradas neste artigo poderão ser delegadas a oficiais da ativa, para fins especificados e por tempo limitado.
>
> § 2º Em se tratando de delegação para instauração de inquérito policial militar, deverá aquela recair em oficial de posto superior ao do indiciado, seja este oficial da ativa, da reserva, remunerada ou não, ou reformado.
>
> § 3º Não sendo possível a designação de oficial de posto superior ao do indiciado, poderá ser feita a de oficial do mesmo posto, desde que mais antigo.
>
> § 4º Se o indiciado é oficial da reserva ou reformado, não prevalece, para a delegação, a antiguidade de posto.
>
> **Designação de delegado e avocamento de inquérito pelo ministro**
>
> § 5º Se o posto e a antiguidade de oficial da ativa excluírem, de modo absoluto, a existência de outro oficial da ativa nas condições do § 3º, caberá ao ministro competente a designação de oficial da reserva de posto mais elevado para a instauração do inquérito policial militar; e, se este estiver iniciado, avocá-lo, para tomar essa providência. (Brasil, 1969b, grifo do original)

Todas essas normativas aplicam-se às Polícias e aos Bombeiros Militares, devendo ser buscado esse paralelismo, sendo autoridade originariamente competente para a medida de Polícia Judiciária Militar, como exemplo, o Comandante-Geral, o Subcomandante PM e os Comandantes de Unidade (Neves, 2018).

As **atribuições** (competências) da Polícia Judiciária Militar estão previstas no art. 8º do CPPM:

> Art. 8º. Compete à Polícia judiciária militar:
>
> a) apurar os crimes militares, bem como os que, por lei especial, estão sujeitos à jurisdição militar, e sua autoria;
>
> b) prestar aos órgãos e juízes da Justiça Militar e aos membros do Ministério Público as informações necessárias à instrução e julgamento dos processos, bem como realizar as diligências que por eles lhe forem requisitadas;
>
> c) cumprir os mandados de prisão expedidos pela Justiça Militar;
>
> d) representar a autoridades judiciárias militares acerca da prisão preventiva e da insanidade mental do indiciado;
>
> e) cumprir as determinações da Justiça Militar relativas aos presos sob sua guarda e responsabilidade, bem como as demais prescrições deste Código, nesse sentido;
>
> f) solicitar das autoridades civis as informações e medidas que julgar úteis à elucidação das infrações penais, que esteja a seu cargo;
>
> g) requisitar da polícia civil e das repartições técnicas civis as pesquisas e exames necessários ao complemento e subsídio de inquérito policial militar;

> h) atender, com observância dos regulamentos militares, a pedido de apresentação de militar ou funcionário de repartição militar à autoridade civil competente, desde que legal e fundamentado o pedido. (Brasil, 1969b)

Pois bem, vamos analisar, a seguir, cada uma das atribuições da autoridade policial judiciária militar, sejam originárias, sejam delegadas.

A alínea "a" do art. 8º do CPPM dispõe sobre a apuração da materialidade e de indícios de autoria do fato criminoso. Conforme dispõe o art. 295 do CPPM, admite-se "qualquer espécie de prova, desde que não atente contra a moral, a saúde ou a segurança individual ou coletiva, ou contra a hierarquia ou a disciplina militares" (Brasil, 1969b).

O que se busca é a chamada *justa causa*, a fim de subsidiar eventual ação penal militar (ou, não sendo crime militar, declínio de competência para a Justiça Comum ou, ainda, nos crimes dolosos contra a vida de civil, remessa para o Tribunal do Júri). Inexistindo justa causa, deve-se buscar o trancamento do inquérito policial militar via *habeas corpus*.

Igualmente, nos termos da alínea "b" do art. 8º do CPPM, é atribuição da autoridade policial judiciária militar a prestação de informações às autoridades nela descritas ou o cumprimento de diligências por elas requeridas no decorrer do inquérito policial militar ou, até mesmo, durante a ação penal militar, as quais sejam necessárias à instrução e ao julgamento de processos. Dizem respeito a essa atribuição, por exemplo, a remessa de documentos; a condução coercitiva de pessoa ao juízo militar; a emissão de manifestação de dados objetivos da vida do réu militar etc.

A alínea "c" do art. 8º do CPPM refere-se ao cumprimento de mandados de prisão (provisória, preventiva, em razão sentença transitada em julgado) expedidos pela Justiça Militar, mas não só eles, como também a condução coercitiva de testemunhas (art. 347, § 2º, e art. 420, do CPPM).

Ainda, é conferida atribuição à Polícia Judiciária Militar, conforme expresso na alínea "d" do art. 8º do CPPM, de representar pela prisão preventiva do investigado (art. 254[3] e ss. do CPPM). No que tange à representação pela insanidade mental do indiciado, deve a autoridade judicial militar representar, nos termos do art. 156, parágrafo 2º[4] do CPPM, pela instauração de incidente de insanidade.

A alínea "e" do art. 8º do CPPM prevê casos em que a autoridade judiciária militar tiver presos sob sua custódia e deverá acatar todas as determinações da Justiça Militar, inclusive observando disposições previstas no CPPM, por exemplo: respeito à

---

3 "Art 254. **A prisão preventiva pode ser decretada** pelo auditor ou pelo Conselho de Justiça, de ofício, a requerimento do Ministério Público **ou mediante representação da autoridade encarregada do inquérito policial-militar, em qualquer fase deste** ou do processo, concorrendo os requisitos seguintes: a) prova do fato delituoso; b) indícios suficientes de autoria." (Brasil, 1969b, grifo nosso)

4 "Art. 156. Quando, em virtude de doença ou deficiência mental, houver dúvida a respeito da imputabilidade penal do acusado, será ele submetido a perícia médica. [...] "§ 2º A perícia poderá ser também ordenada **na fase do inquérito policial militar**, **por iniciativa do seu encarregado** ou em atenção a requerimento de qualquer das pessoas referidas no parágrafo anterior." (Brasil, 1969b, grifo nosso)

hierarquia no momento da prisão (art. 223[15]); prisão especial (art. 242[16]); restrição do uso e algemas (§1° do art. 234[17]).

Cabe também à autoridade judiciária militar, nos termos da alínea "f" do art. 8° do CPPM, no escopo de elucidar fatos, solicitar (não requisitar, como se ordem fosse) a entidades civis informações e demais medidas necessárias, como cópia de documentos, gravações de imagens de segurança etc.

Noutra via, a alínea "g" do art. 8° do CPPM prevê o poder de "requisitar (ordem, pois) da polícia civil e das repartições técnicas civis as pesquisas e os exames necessários ao complemento e subsídio de inquérito policial militar" (Brasil, 1969b). Segundo Neves (2018, p. 280), "a lei processual penal militar abrange todas as requisições emanadas da polícia judiciária militar que busquem a realização de perícias técnicas, com consequente emissão de laudo necessário à apuração do fato (Instituto de Criminalística, Instituto Médico Legal, etc.)".

Derradeiramente, a alínea "h" do art. 8° do CPPM determina que a autoridade judiciária militar atenda, "com observância dos regulamentos militares, a pedido de apresentação de militar ou

---

5 "Art 223. A prisão de militar deverá ser feita por outro militar de posto ou graduação superior; ou, se igual, mais antigo." (Brasil, 1969b)

6 "Art. 242. Serão recolhidos a quartel ou a prisão especial, à disposição da autoridade competente, quando sujeitos a prisão, antes de condenação irrecorrível: [...]." (Brasil, 1969b)

7 "§ 1° O emprego de algemas deve ser evitado, desde que não haja perigo de fuga ou de agressão da parte do preso, e de modo algum será permitido, nos presos a que se refere o art. 242." (Brasil, 1969b)

funcionário de repartição militar à autoridade civil competente, desde que legal e fundamentado o pedido" (Brasil, 1969b).

Refere-se essa alínea à requisição legal. Presume-se que tal requisição parte de um juiz de direito. Diferentemente, não ocorre quando um delegado de polícia requisita apresentação de militar para ser interrogado em inquérito policial civil que apure crime militar, porque manifestamente ilegal, diante da previsão do art. 144, parágrafo 5º, da CF de 1988, ou mesmo para prestar depoimento, haja vista que deve ser previamente requisitado ao seu superior (art. 221, § 2º, do Código de Processo Penal comum).

Decorrentes das atribuições instituídas pelo CPPM, os procedimentos de competência da Polícia Judiciária Militar são: o inquérito policial militar; o auto de prisão em flagrante; o procedimento especial de deserção; e o procedimento especial de insubmissão. Nesta obra, analisaremos pormenorizadamente o inquérito policial militar (IPM).

— 4.3.2 —
Inquérito policial militar

Conceitualmente, segundo Neves (2018, p. 308), o IPM "consiste num procedimento administrativo de polícia judiciária militar que materializa, por seus autos, as diligências e provas produzidas na busca da demonstração de ocorrência ou não de um crime militar, com a indicação, se for o caso, de sua autoria".

Nessa perspectiva, a finalidade maior do IPM é a busca pela maior proximidade do acontecimento real dos fatos, seja pela prática do delito militar, seja para afastá-lo, produzindo-se, ao fim, pela autoridade policial judiciária militar, um relatório final no qual constarão todos os elementos angariados pela investigação, com o indiciamento ou não do investigado.

Por meio do IPM, à exceção da deserção e da insubmissão, que são apuradas, em regra, por procedimentos especiais (arts. 451 e seguintes e 463 e seguintes, respectivamente, do CPPM), e das prisões em flagrante delito, todos os crimes militares são apurados via IPM.

Dizemos "em regra" porque há exceção quanto ao procedimento para verificação do crime de deserção em que o agente "consegue exclusão do serviço ativo ou situação de inatividade, criando ou simulando incapacidade", previsto no art. 188, inciso IV, do CPM (Brasil, 1969a), em que é necessário ser verificada e constatada via IPM ou sindicância (via administrativa) a intenção do militar de serviço ativo ou da situação de inatividade de criar ou simular referida incapacidade.

Uma questão importante e que suscita dúvidas é a obrigatoriedade ou não da incidência ou não do princípio do contraditório no IPM (e mesmo no comum).

Esse tema já foi objeto de questionamento no Supremo Tribunal Federal (STF) e ficou sacramentado, tal qual entendimento majoritário da doutrina, tratar-se de procedimento administrativo e pré-processual (peça informativa), em que não vige o princípio do contraditório (HC n. 99.936/CE). Portanto, via de consequência, quaisquer falhas ou irregularidades serão sanadas na ação penal militar, na qual vigem os princípios da ampla defesa e do contraditório.

Todavia, caso a prova angariada no IPM tenha sido produzida por meios ilícitos ou mediante violação direitos fundamentais e tenha servido como base única para a ação penal militar, esta deve ser de pronto trancada via *habeas corpus*, sem prejuízo de reapresentação se amealhadas novas provas lícitas (Recurso Ordinário em *Habeas Corpus* n. 122.279/RJ do STF).

Características do IPM

Trata-se de um procedimento administrativo, pré-processual, escrito, ou seja, todos os atos praticados no bojo do IPM devem ser exclusivamente escritos e documentados nos autos (também chamado de *caderno*), materializando, assim, toda a trajetória investigatória.

Como visto, é um **procedimento inquisitivo**, marcado pela não vigência do contraditório. No entanto, a defesa do investigado, nos termos do Estatuto da Ordem dos Advogados do Brasil (Lei n. 8.906/1994), garante sua participação como consagrado direito. Além disso, a Súmula Vinculante n. 14 do STF garante o "direito do defensor, no interesse do representado, ter acesso amplo aos elementos de prova que, já documentados em procedimento investigatório realizado por órgão com competência de polícia judiciária, digam respeito ao exercício do direito de defesa" (Brasil, 2020d, p. 16). Assim, pode o encarregado, fundamentadamente, indeferir eventuais pedidos da defesa que possam interferir e frustrar diligência em andamento, como a autorização de busca e apreensão decretada pelo juízo, uma vez que o conhecimento da defesa, provavelmente frustraria tal diligência. Realizada e devidamente documentada no IPM, franqueia-se acesso à defesa.

Ressaltamos que, em que pese não viger o princípio do contraditório, nada obsta a defesa apresentar esclarecimentos e provas à autoridade policial judiciária militar, a fim de instruir o IPM e auxiliar nas investigações. Ainda, pode a defesa solicitar **diligências**, ficando ao arbítrio da autoridade, fundamentadamente, deferi-las ou não, sem que acarrete qualquer tipo de nulidade.

Diversamente do Código de Processo Penal comum, que trata o inquérito policial como de interesse da sociedade e possibilita a decretação de sigilo em casos específicos, por imposição legal, o CPPM (art. 16) reputa o IPM como procedimento sigiloso. Não obstante, como já referido, ao advogado do investigado não recai tal disposição, por força do Estatuto Ordem dos Advogados do Brasil, corroborado pela Súmula Vinculante n. 14 do STF.

No que tange ao art. 17 do CPPM, que versa sobre a incomunicabilidade do investigado, este não tem aplicabilidade porque não foi recepcionado pela CF de 1988 (art. 136, § 3º, IV), visto que, até mesmo em estado de defesa, é vedada a incomunicabilidade do preso.

O IPM é marcado pela oficialidade e pela indisponibilidade. A **oficialidade** é característica lógica, porque a condução do IPM ocorre por meio dos órgãos oficias com atribuição legal para tanto. Por sua vez, a **indisponibilidade** é marcante, pois o IPM independe de provocação (apesar de previsões para tanto) para ser instaurado. Uma vez instaurado, não pode ser arquivado pela autoridade policial judiciária militar, devendo ser conduzido e encerrado via relatório final para ulterior deliberação do Ministério Público sobre eventual arquivamento ou promoção da denúncia.

Instauração do IPM

A instauração do IPM ocorre sempre mediante portaria, com a observância dos demais procedimentos previstos no art. 10 do CPPM.

A alínea "a" do art. 10 do CPPM estabelece a instauração "de ofício, pela autoridade militar em cujo âmbito de jurisdição ou de comando haja ocorrido a infração penal, atendida a hierarquia do infrator" (Brasil, 1969b). Ocorre por meio do conhecimento direto do delito pela autoridade de Polícia Judiciária Militar instauradora do IPM.

A instauração do IPM também pode ser realizada, conforme a alínea "b" do art. 10 do CPPM, por determinação ou delegação. Essas hipóteses se verificam em razão da hierarquia, em que há a faculdade de se determinar ou delegar à autoridade inferior a instauração do IPM. Nesse caso, a instauração ocorre por meio de conhecimento indireto do delito militar, já que foi levado ao conhecimento da autoridade de Polícia Judiciária Militar inferior instauradora do IPM pela autoridade de Polícia Judiciária Militar superior.

Por determinação entende-se a ordem emanada de autoridade de Polícia Judiciária Militar originária superior para outra autoridade de Polícia Judiciária Militar originária inferior para que apure os fatos em sua área de atribuição. Como exemplo, o comandante de uma brigada, no Exército Brasileiro, toma conhecimento de um fato ocorrido em um quartel subordinado, emitindo ordem para que o comandante da unidade, por exemplo, um Grupo de Artilharia, instaure o inquérito e apure o episódio (Neves, 2018).

Por delegação entende-se que autoridade de Polícia Judiciária Militar delegada assume o papel da autoridade de Polícia Judiciária Militar originária, devendo haver, por esta última, a ratificação da IPM mediante homologação. Portanto, delega a instauração do IPM e, quando instaurado, deve homologar formalmente sua instauração.

Por sua vez, a alínea "c" do art. 10 do CPPM prevê que o IPM pode ser iniciado por requisição do Ministério Público. Nesse caso, o Ministério Público, ao tomar conhecimento da ocorrência de um delito militar, deve requisitar, por atribuição constitucional (art. 129, VIII, da CF de 1988), a instauração de IPM à autoridade policial judiciária, com a atribuição de que não poderá recusar-se a lavrar a portaria inaugural.

Já a alínea "d" do art. 10 do CPPM pressupõe-se a ocorrência do art. 25 do mesmo código, que dispõe: "O arquivamento de inquérito não obsta a instauração de outro, se novas provas aparecerem em relação ao fato, ao indiciado ou a terceira pessoa, ressalvados o caso julgado e os casos de extinção da punibilidade" (Brasil, 1969b). Assim, chegada a notícia crime ao STM, o aos Tribunais de Justiça militares ou estaduais, o "juiz remeterá os autos ao Ministério Público, para os fins do disposto no art. 10, letra c" (art. 25, § 1°, do CPPM). Portanto, tendo conhecimento de notícia crime, deve ser determinada a remessa ao Ministério Público Militar, para que analise os fatos e requisite ou não a instauração de IPM à autoridade policial judiciária militar, conforme disciplina o parágrafo 2° do art. 25 do CPPM.

Nos termos das alíneas "c" e "d" do art. 10 do CPPM, em que o IPM pode ter início por requisição do Ministério Público ou por decisão do STM, devem ser compreendidos os Tribunais de Justiça militares (RS, SP e MG) e os Tribunais de Justiça estaduais nas demais unidades federativas.

A instauração também pode ocorrer por requerimento do ofendido, de seu representante legal ou por representação do cidadão que conheceu da infração penal militar, conforme dispõe a alínea "e" do art. 10 do CPPM. Por requerimento do ofendido ou de representante legal (ascendente, descente etc.) entende-se como pedido de instauração de IPM à autoridade policial judiciária militar, haja vista seu interesse na apuração do fato, em tese, criminoso. Por representação entende-se o relato de um cidadão à autoridade policial judiciária militar de eventual crime militar que dele teve conhecimento. O CPPM é omisso quanto à previsão de recurso cabível no caso de negativa de instauração de IPM pela autoridade policial judiciária militar, no entanto, seu art. 33 revela a possibilidade de representação direta ao Ministério Público.

Derradeiramente, a alínea “f” do art. 10 do CPPM prevê a instauração em razão de **sindicância**. Primeiramente,

> sindicância é o meio sumário de que se utiliza a administração pública brasileira para, sigilosa ou publicamente, com indiciados ou não, proceder à apuração de ocorrências anômalas no serviço público, as quais, confirmadas, fornecerão elementos concretos para a imediata abertura de processo administrativo contra o funcionário público responsável, além é claro de poder confirmar a própria punição administrativa. (Cretella Junior, 1970, p. 153)

Instaurada sindicância no âmbito da Justiça Militar que resulte em indícios de infração penal, deverá ser instaurado IPM para a apuração dos fatos. Entretanto, se dos fatos amealhados no caderno da sindicância resultarem elementos suficientes que possibilitem a formação da *opinio delicti* do Ministério Público Militar, não se mostra necessária a instauração do IPM nos termos do art. 28 do CPPM.

Encarregado e escrivão

Vimos os modos de instauração do IPM, que poderá ser conduzido pela própria autoridade policial judiciária militar originária ou esta poderá delegar a condução.

Essa delegação dará atribuição a um **encarregado**, que passará a ser a autoridade de polícia judiciária militar responsável pela condução das investigações, cuidando de forma imparcial do esclarecimento do fato apurado, sendo o responsável pelo impulso oficial necessário, nos termos do art. 15 do CPPM.

O encarregado do inquérito, em regra, será o oficial de posto não inferior ao de capitão ou capitão-tenente, observando-se o grau hierárquico ou a antiguidade de indiciado.

Ainda, com relação à figura do encarregado, nos termos do art. 142 do CPPM, não poderá o investigado nem sua defesa arguir a suspeição do encarregado, mas este terá o dever de se declarar suspeito quando ocorrer motivo legal aplicável, pautando-se, por analogia, àquelas situações previstas no art. 38 do CPPM.

Por sua vez, o **escrivão** atua no IPM como auxiliar do encarregado. Sua designação ocorre já na portaria de instauração do IPM, por meio de indicação da autoridade policial judiciária originária ou delegada, ou quando do recebimento dos autos, por intermédio de indicação do encarregado – é o que prevê o art. 11 do CPPM. No que diz respeito à posição hierárquica, se o indiciado for um oficial, o escrivão será um oficial subalterno e, nos demais casos, será um sargento, um subtenente ou um suboficial. O escrivão assume a responsabilidade legal de manter sigilo do IPM e respeitar as disposições constantes do CPPM.

Medidas preliminares, formação e encerramento do IPM

As **medidas preliminares** pertinentes ao IPM estão previstas no art. 12 do CPPM e antecedem sua própria instauração, devendo ser realizadas pela autoridade policial judiciária militar.

Segundo Neves (2018, p. 337), trata-se de uma

> investigação preliminar e se traduz por um conjunto de ações instantâneas ao acontecimento do ilícito penal militar, levadas a efeito com o objetivo de garantir ou assegurar a correta tomada de decisão, bem como a produção de provas imediatas que possam, por qualquer ação, ser destruídas ou apagadas.

Destinam-se a garantir a tomada de decisões, de estratégias, de linhas investigativas, bem como de assegurar a imediata produção de provas que, por qualquer motivo, a futura produção seja inviável. São elas:

a. dirigir-se ao local, providenciando que se não alterem o estado e a situação das coisas, enquanto necessário;
b. apreender os instrumentos e todos os objetos que tenham relação com o fato;

c. efetuar a prisão do infrator, observado o disposto no art. 244 do CPPM;
d. colher todas as provas que sirvam para o esclarecimento do fato e suas circunstâncias.

Ressalvadas, portanto, as questões urgentes e imprescindíveis, se referidas medidas não estiverem ameaçadas, serão levadas a cabo no curso da investigação.

No que tange à **formação** do IPM, o CPPM, em seu art. 13, dispõe que, após realizadas as diligências do art. 12 (alínea "a"), o encarregado deverá ouvir o ofendido (alínea "b"), interrogar o indiciado (alínea "c") e inquirir testemunhas (alínea "d").

Não se trata de rol legal a ser seguido na ordem disposta, mesmo porque sempre é mais interessante que a vítima seja ouvida antes do interrogatório do indiciado, momento em que poderá oferecer os detalhes da conduta delitiva do agente, de modo que pode abrir o campo de linhas investigativas pelo encarregado.

No que tange à inquirição de testemunhas e do interrogatório do investigado, ressalvados os casos urgentes, serão realizados durante o dia entre as 7h e as 18h (art. 19 do CPPM), não sendo permitido que dure mais de 4 horas sem que tenha 30 minutos de descanso. Não sendo concluídos até as 18h, serão encerrados para retomada no dia seguinte, com horário a ser definido pelo encarregado. Não sendo útil o dia seguinte, serão postergados até o próximo, salvo caso de urgência (art. 19, § 2º, do CPPM).

Além destas, o interrogatório do investigado e a inquirição de testemunhas seguem as regras previstas nos arts. 302 a 310 e 347 a 364 do CPPM.

No curso do inquérito, o encarregado, como autoridade policial judiciária militar, pode, a depender de sua convicção pela necessidade, deter o investigado, nos termos do art. 18 do CPPM.

Essa possibilidade de detenção do investigado no curso das investigações independe de flagrante delito poderá ter duração inicial de até 30 dias e deverá ser comunicado (leia-se, *avisado*) ao Juízo Militar competente. O dispositivo prevê, ainda, a possibilidade de prorrogação da detenção por mais 20 dias pelo Comandante da Região, Distrito Naval ou Zona Aérea, por solicitação fundamentada do encarregado do IPM e por via hierárquica.

Por se tratar de prisão cautelar, a aplicabilidade do art. 18 do CPPM ficou adstrita somente à prática de crimes propriamente militares, em razão da previsão expressa no inciso LXI do art. 5º da CF de 1988, o qual assegura que "ninguém será preso senão em flagrante delito ou por ordem escrita e fundamentada de autoridade judiciária competente, salvo nos casos de transgressão militar ou **crime propriamente militar**" (ex.: dormir em serviço – art. 203 do CPM) (Brasil, 1988).

Temas importantes dizem respeito às possibilidades de arquivamento, instauração de novo inquérito e desarquivamento do IPM.

Conforme dispõe o art. 24 do CPPM, instaurado o IPM, a autoridade policial judiciária militar **não** poderá arquivá-lo em hipótese alguma, devendo encerrá-lo mediante relatório final, seja pelo indiciamento do investigado, seja pela conclusão de inexistência do ilícito militar ou da inimputabilidade do investigado.

Uma vez encerrado o IPM pelo relatório final, este deve ser encaminhado ao juiz de direito da Auditoria Militar da Justiça Militar Estadual (ou juiz auditor na JMU), para que este encaminhe ao Ministério Público Militar para providências, entre as quais promover seu arquivamento (§ 2° do art. 25 do CPPM), medida que poderá ser acolhida ou não pelo juiz de direito em decisão monocrática.

Havendo concordância do juízo, este homologará o arquivamento e remeterá, necessariamente, para o juiz auditor corregedor. Havendo discordância com o arquivamento, o juiz remeterá os autos para o Procurador-Geral de Justiça Militar, nos termos do art. 397 do CPPM e do art. 28 do CPP comum, este por analogia.

No que tange à possibilidade de instauração de novo inquérito, ainda que arquivado o IPM, surgindo novas provas relacionadas ao fato, de acordo com o art. 25 do CPPM, poderá ser instaurado novo IPM, devendo-se remeter ao Ministério Público para providências (§1° do art. 25), nos termos do art. 10, alínea "c", do mesmo código.

Ressaltamos que não poderá ser instaurado novo IPM nessa circunstância pela autoridade policial judiciária militar de ofício, mas tão somente sob determinação do Ministério Público. Igualmente, não poderá ser instaurado novo IPM se o arquivamento gerou coisa julgada material (ex.: reconhecimento de excludente de tipicidade, ilicitude ou culpabilidade) ou por declaração de extinção de punibilidade.

Quanto ao desarquivamento do IPM, em que pese não expressamente previsto no art. 25 do CPPM, é medida possível, desde que ele seja fundado em provas novas e ocorra por requerimento do Ministério Público.

Os prazos para conclusão do IPM estão previstos no art. 20 do CPPM e esta deverá ocorrer em 20 dias, nos casos em que os investigados estiverem presos, e em dias 40 dias, nos casos de investigados soltos. A contagem do prazo para investigados presos inicia-se no dia em que se efetivou a prisão e, no caso de investigados soltos, no dia da instauração do IPM. No caso de investigados soltos, o prazo poderá ser prorrogado por mais 20 dias, quando houver exames ou perícias iniciadas e não concluídas ou haja necessidade de diligências indispensáveis à elucidação dos fatos. O pedido de prorrogação deve ser feito pela autoridade policial judiciária militar superior e em tempo hábil, de forma que a concessão ocorra antes do encerramento do primeiro prazo (§ 1º do art. 20 do CPPM). Se, no pedido de prazo ao Ministério Público, forem encaminhados os autos integrais, terá início a contagem do prazo no dia seguinte ao recebimento do

IPM. Se os autos permanecerem com o encarregado pelo IPM, deferido o prazo, começará a contar no dia seguinte do término de 40 dias iniciais.

No caso de devolução dos autos pelo Ministério Público (art. 26, I, do CPPM) ou pelo juiz de direito (ou juiz auditor), não sendo determinado o prazo pelo juiz, deverão ser realizadas as diligências em 20 dias (parágrafo único do art. 20 do CPPM).

Finda a prorrogação do prazo e não concluídas as perícias ou os exames, ou se houver a juntada de documentos, estes serão encaminhados ao juiz. O encarregado, sempre que possível, ao relatar o IPM, deverá indicar nomes e endereços de testemunhas que não foram ouvidas por qualquer impedimento.

Conforme visto, o IPM tem seu **encerramento** com o relatório final (art. 22 do CPPM), devendo o encarregado mencionar todas as diligências realizadas, pessoas ouvidas, resultados obtidos com indicação do dia, hora e lugar da ocorrência do fato delituoso. Na conclusão, deve indicar a ocorrência de infração disciplinar a ser punida ou os indícios de crime militar ou a ocorrência de ambos, podendo, na hipótese de constatação de crime militar, se preenchidos os requisitos legais, requerer a prisão preventiva do investigado (art. 255 do CPPM).

Nos casos em que haja a delegação da instrução do IPM, o relatório final, necessariamente, será remetido para a autoridade superior originária para homologação ou não da solução ou, ainda, para que se adote outra medida, como, por exemplo, a realização de novas diligências (§ 1º do art. 22 do CPPM).

— 4.4 —
Competência da Justiça Militar

Já destacamos nesta obra que a competência criminal das Justiças Militares da União, dos estados e do Distrito Federal advém da CF de 1988, que estabelece que lhes caberá processar e julgar crimes militares definidos em lei praticados por seus membros, conforme previsão dos arts. 124 e art. 125, parágrafo 4º, primeira parte.

Quanto à qualidade dos acusados, pelo disposto no parágrafo 4º do art. 125 da CF de 1988, a Justiça Militar estadual julga somente os policiais e os bombeiros militares de seus estados (incluindo os policiais rodoviários militares), sejam praças, sejam oficiais. Nesse sentido, Lima (2019, p. 372) ensina que "mesmo que determinado delito seja praticado em coautoria, deverá haver a separação de processos, sendo o militar estadual julgado pela prática do crime militar perante a Justiça Militar, e o civil pela prática do crime comum perante a Justiça Comum".

Exemplificando: se um policial militar e um civil, agindo em concurso de agentes, subtraírem uma arma de fogo, pertencente à Polícia Militar, do interior de um quartel, o militar estadual será julgado pela Justiça Militar estadual pela prática do crime militar de furto qualificado pelo concurso de agentes (art. 240, § 6º, IV, c/c art. 9º, II, "e", ambos do CPM), ao passo que o civil será julgado pela Justiça Comum estadual pelo delito do art. 155, § 4º, inciso IV, do Código Penal. Agora, se esse civil for autor ou coautor de um crime militar contra as referidas corporações estaduais sem correspondente na lei penal comum (ex.: ingresso clandestino em um quartel da PM), não pratica crime algum, uma vez que a Justiça Comum jamais poderia julgar o agente pela prática de um crime militar (Lima, 2019).

Esses exemplos dizem respeito ao instituto da **conexão**, cujo raciocínio se aplica *in totum*. Diante da competência exclusiva advinda do texto constitucional, que a fixa em razão da matéria (crimes militares), quando houver conexão entre crime militar e crime comum, deverá haver a separação dos processos, declinando-se a competência para processamento e julgamento do crime comum para a Justiça Comum, nos termos do art. 120, alínea "a", do CPPM, da Súmula n. 90 do Superior Tribunal Justiça (STJ)[8] e art. 79, inciso I, do Código de Processo Penal comum.

Todavia, à Justiça Militar da União, visto a inexistência de vedação quanto à figura do acusado, cuja competência ocorre exclusivamente em função da matéria (art. 124 da CF de 1988), compete-lhe processar e julgar os civis pela prática de crimes contra as instituições militares, nos termos do art. 9º, inciso III, alínea "a", do CPM.

Citamos como exemplo:

> caso um civil e um militar das Forças Armadas, agindo em concurso de agentes, subtraiam uma arma de fogo pertencente ao patrimônio do Exército, mediante violência ou grave

8 Súmula n. 90 do STJ: "Compete à Justiça Estadual Militar processar e julgar o policial militar pela prática do crime militar, e à Comum pela prática de crime comum simultâneo àquele" (Brasil, 2020b, p. 104).

> ameaça, ambos serão julgados pela Justiça Militar da União pela prática do crime militar de roubo majorado (art. 242, § 2º, inciso II, c/c art. 9º, inciso II, alínea 'e'–para o militar –, e art. 9º, inciso III, alínea 'a'–para o civil –, todos do CPM), mesmo que o civil não saiba que se trata de armamento das Forças Armadas. (Lima, 2019, p. 374)

Igualmente, por expressa previsão constitucional, cabe às Justiças Militares dos estados o processamento e o julgamento de ações judiciais que versem sobre atos disciplinares militares, conforme dispõe o parágrafo 4º do art. 125 da CF de 1988. Nas lições de Lima (2019, p. 379), incumbe às Justiças Militares estaduais processarem e julgarem a

> ação ordinária de reintegração no cargo; ação anulatória de licenciamento *ex officio*, a bem da disciplina, de policial militar e reintegração do mesmo à corporação; mandado de segurança contra atos disciplinares; ação de reintegração no cargo cumulada com indenização; ação declaratória de nulidade e inconstitucionalidade de ato jurídico cumulada com reintegração em cargo público e indenização; ações rescisórias de sentenças cíveis de mérito sobre atos disciplinares, etc.

Noutra via, com relação ao processamento e ao julgamento de ações por atos disciplinares dos membros das Forças Armadas, por ausência de previsão expressa no art. 124 da CF de 1988, não serão julgados na Justiça Militar da União, cuja competência recai à Justiça Federal.

Digno de nota, o STJ firmou entendimento, no Conflito de Competência n. 100.682/MG, de que é competência da Justiça Comum julgar policiais militares (e bombeiros) acusados do cometimento de atos de improbidade administrativa, "já que não se dirige contra a administração militar nem é consequência de atos disciplinares militares que tenham sido concretamente aplicados: volta-se a demanda contra o próprio militar, não se discute ato disciplinar, mas ato de indisciplina cometido por policiais militares no exercício de suas funções" (Lima, 2019, p. 372).

Derradeiramente, para fins de fixação da competência da Justiça Militar, a condição de militar no tempo da prática do delito militar (*tempus delicti*) a fixará, ainda que venha a perder tal condição e mesmo que ocorra antes da instauração de IPM.

— 4.4.1 —
Primeira instância da Justiça Militar da União

Até a entrada em vigor da Lei n. 13.774/2018, todos os crimes militares, fossem cometidos por civil, por militar ou civil e militar em concurso de agentes, eram julgados pelo Conselho de Justiça. Com o advento da nova lei, os crimes militares cometidos por civis ou por civil em concurso com militar passaram a ser julgados pelo juiz federal da Justiça Militar, antes chamado de *juiz auditor* (Lei n. 8.457, de 4 de setembro de 1992, art. 30, I-B, inserido pela Lei n. 13.774/2018), permanecendo a competência do Conselho de Justiça para o julgamento dos crimes militares cometidos exclusivamente por militares (Brasil, 1992).

Ressaltamos, aqui, conquanto sob críticas de parte de abalizada doutrina adiante comentada, que, com a entrada em vigor da Lei n. 13.491/2017, a competência para julgar os crimes dolosos contra a vida de civis praticados por militares das Forças Armadas também foi deslocada para o Tribunal do Júri de competência da Justiça Federal, com exceção daquelas situações previstas no parágrafo 2º do art. 9º do com (Brasil, 2017b).

A Justiça Militar da União é dividida em 12 Circunscrições Judiciárias Militares (CMJ), na forma do art. 2º da Lei n. 8.457/1992, composta de uma ou mais Auditorias Militares, de acordo com o art. 11 da referida lei:

- 1ª CMJ – Rio de Janeiro e Espírito Santo: quatro Auditorias;
- 2ª CMJ – São Paulo: duas Auditorias;
- 3ª CMJ – Rio Grande do Sul: três Auditorias;
- 4ª CMJ – Minas Gerais: uma Auditoria;
- 5ª CMJ – Paraná e Santa Catarina: uma Auditoria;
- 6ª CMJ – Bahia e Sergipe: uma Auditoria;
- 7ª CMJ – Pernambuco, Rio Grande do Norte, Paraíba e Alagoas: uma Auditoria;
- 8ª CMJ – Pará, Amapá e Maranhão: uma Auditoria;
- 9ª CMJ – Mato Grosso do Sul e Mato Grosso: uma Auditoria;
- 10ª CMJ – Ceará e Piauí: uma Auditoria;
- 11ª CMJ – Distrito Federal, Goiás e Tocantis: duas Auditorias;
- 12ª CMJ – Amazonas, Acre, Roraima e Rondônia: uma Auditoria.

Cada Auditoria Militar compõe-se de um juiz federal (antes chamado de *juiz auditor*) e quatro militares sorteados (chamados de *juízes militares*) da mesma Força a que o acusado pertença ou que teve o bem jurídico aviltado, entre os quais um oficial-general ou oficial superior, sempre de posto superior ao do acusado, ou do mesmo posto e de maior antiguidade. Essa composição chama-se *Conselho de Justiça* ou *Escabinato*[9].

O Conselho de Justiça no âmbito da Justiça Militar da União é presidido pelo juiz federal (Lei n. 8.457/1992, art. 30, I-A, inserido pela Lei n. 13.774/2018) e divide-se em Conselho Especial de Justiça e Conselho Permanente de Justiça.

O **Conselho Especial de Justiça** tem competência para processar e julgar crimes militares praticados por oficiais das Forças Armadas, exceto os oficiais-generais, cuja competência originária é do STM (segunda instância da Justiça Militar da União). Esse Conselho é sorteado e permanece atrelado ao processo o qual foi convocado até seu fim.

Ao seu turno, ao **Conselho Permanente de Justiça** compete julgar os casos de crimes militares praticados pelas praças militares (ou seja, os não oficiais). Esse conselho permanece formado por três meses e atua em todos os processos que lhes forem distribuídos por competência, podendo ocorrer de um Escabinato

---

9 O Escabinato é um juízo colegiado, integrado por pessoas oriundas de áreas profissionais distintas. No Brasil, surgiu com a própria Justiça Militar, em 1808, com a chegada da família real, e, mais precisamente, quando da criação do Conselho Supremo Militar e de Justiça, constituído pelos Conselheiros de Guerra e do Almirantado e por outros oficiais nomeados como vogais, sendo que, para atuar como Conselho de Justiça, era acrescido de três juízes togados.

convocado atuar na instrução de um processo e no julgamento de outro, em razão dessa transitoriedade.

Importa destacar que o Conselho Especial de Justiça (que julga oficiais) exerce *vis attractiva* quando há concurso de agentes oficiais e praças, passando a ser órgão competente para julgar todos os envolvidos.

Digno de nota porque não raro de se ver na práxis são os casos em que os delitos militares são cometidos por integrantes de forças armadas distintas. Nessas situações, ensina Lima (2019) que, caso mais de uma Arma tenha sofrido a ofensa, ou se o crime foi praticado por militares de diferentes corporações, será competente o Conselho Permanente, composto por oficiais da Arma cujo IPM foi recebido em primeiro lugar na Auditoria ou aquele em que o juiz praticou algum ato do processo ou medida a ele relativa, ainda que anterior à denúncia.

Por fim, competirá à Justiça Militar da União processar e julgar crimes dolosos contra a vida de civil praticados por militares, desde que a ocorrência tenha acontecido em conformidade com alguns dos contextos trazidos pelo art. 9º, § 2º, do CPM. Ocorridos fora deles, a competência será deslocada para o Tribunal do Júri Federal.

— 4.4.2 —
Primeira instância da Justiça Militar dos estados

À Justiça Militar dos estados, por expressa previsão constitucional do art. 125, parágrafo 4º, do CPPM, compete julgar exclusivamente os policiais e os bombeiros militares de seus respectivos estados pelos crimes militares previstos em lei.

Diferentemente da Justiça Militar da União, referido parágrafo 4º também confere competência à Justiça Militar Estadual para processar e julgar ações judiciais contra atos disciplinares praticados por seus militares.

Nesse sentido, de acordo com o parágrafo 5º do art. 125[10], ao Conselho de Justiça compete julgar os crimes militares cometidos pelos militares estaduais, e ao juiz de direito militar, monocraticamente, recai a competência para julgar crimes militares praticados pelos policiais e bombeiros militares contra civis que figurem como vítimas, bem como as ações disciplinares militares, ressalvados obviamente, os crimes dolosos contra a vida de civil praticados por militares, cuja competência é do Tribunal do Júri.

Como exemplo, podemos propor o caso da prática de um crime militar de lesão corporal cometido por um policial militar contra um civil em lugar sujeito à administração militar (art. 209, *caput*, c/c art. 9º, II, "b", ambos do CPM). Esse delito será julgado

---

10 "§5º **Compete aos juízes de direito do juízo militar** processar e julgar, **singularmente, os crimes militares cometidos contra civis** e as ações judiciais contra atos disciplinares militares, **cabendo ao Conselho de Justiça, sob a presidência de juiz de direito**, processar e julgar **os demais crimes militares**;" (Brasil, 1969b, grifo nosso)

monocraticamente pelo juiz de direito do juízo militar. Todavia, caso esse mesmo delito de lesão corporal fosse praticado por um policial militar contra outro policial militar (art. 209, *caput*, c/c art. 9º, II, "a", ambos do CPM), esse delito será julgado por um Conselho de Justiça, a depender do grau hierárquico do agente.

Na Justiça Militar dos estados, os Conselhos de Justiça seguem a mesma dinâmica e têm as mesmas atribuições. Dividem-se em **especial**, responsável por julgar oficiais, funcionando pelo tempo de duração do processo para qual foi sorteado, e em **permanente**, responsável por julgar as praças, funcionando na Auditoria pelo prazo de três meses. Igualmente, o presidente dos Conselhos é o juiz de direito.

A *vis attractiva* do Conselho Especial de Justiça no caso de concurso de agentes entre oficiais e praças será competente para julgar todos, tal qual ocorre na Justiça Militar da União.

Pontual diferença se verifica quanto às regras atinentes ao sorteio para formação dos Conselhos de Justiça, cujo regramento fica a cargo de cada unidade federativa (estado).

Com relação aos crimes militares praticados por civis no âmbito estadual, como vimos nas linhas anteriores, por limitação expressa do parágrafo 4º do art. 125 da CF de 1988, será processado e julgado na Justiça Comum.

Assim, crimes cometidos por civis contra as instituições militares serão julgados pela Justiça Comum, conforme reforça a Súmula n. 53 do STJ, que prevê: "Compete à Justiça Comum estadual processar e julgar civil acusado de prática de crime contra instituições militares estaduais" (Brasil, 2020b, p. 59).

Citamos como exemplo o voto do relator do Conflito de Competência n. 1.258/SP do STJ, Ministro Flaquer Scartezzini, nesse caso que suscitou a edição da referida súmula, o qual foi seguido à unanimidade:

> O Sr. Ministro Flaquer Scartezzini: Sr. Presidente, narra a denúncia que o indiciado, Paulo Sérgio Barbosa, civil, "foi surpreendido em flagrante usando publicamente uniforme da Polícia Militar, que pegara escondido de seu irmão policial, sem que este percebesse, para descobrir que efeito teria ...".
>
> O envio dos autos à Justiça Castrense teve como fundamento a disposição do art. 172 do CPM, que considera crime o uso indevido de uniforme, distintivo ou qualquer insígnia militar por qualquer pessoa.
>
> Conquanto haja a previsão legal no Código Penal Militar, para que o civil cometa crime de que trata o art. 172, e de que a norma penal militar prevaleça sobre a norma tipificada no art. 46 da Lei das Contravenções Penais, a nossa Lei Maior, no art. 125, § 4°, impede que a Justiça Militar Estadual julgue outra pessoa que não policial militar ou bombeiro militar, nos crimes militares.
>
> Assim, ante o impedimento constitucional, julgo procedente o conflito e declaro competente para apreciar e decidir o feito, o Dr. Juiz de Direito da 2ª Vara Criminal de Guarulhos-SP, ora suscitado.
>
> É o meu voto. (Brasil, 1990)

Interessante questão se verifica com relação ao crime militar praticado por militar do Estado em outra unidade federativa. A fim de facilitar a compreensão, Neves (2018) exemplifica um caso em que um policial militar de São Paulo pratica um crime militar no Estado de Rio de Janeiro – ex.: dois militares em deslocamento a serviço, em que um agride e provoca lesão corporal no outro. Nesse caso, a resolução prática ocorreria da seguinte forma:

- a atribuição para instauração do IPM e apuração dos fatos será da autoridade policial judiciária militar do Rio de Janeiro (especificamente, do comandante da unidade da circunscrição que ocorreu o crime militar);
- com relação à ação penal, em interpretação conforme o dispositivo constitucional (§ 4° do art. 125 da CF de 1988), serão de competência da Justiça Militar do Estado de São Paulo o processamento e o julgamento. Não obstante, também prevê a Súmula n. 78 do STJ que "Compete à Justiça Militar processar e julgar policial de corporação estadual, ainda que o delito tenha sido praticado em outra unidade federativa" (Brasil, 2020b, p. 88).

Neste ponto, chegamos a um tema que parece ser de fácil compreensão, mas que causa grande divergência e, até mesmo, confusão na jurisprudência, dando azo a interpretações equivocadas: a atribuição para apuração dos fatos e a competência para processar e julgar crimes dolosos contra a vida de civil praticados por militar.

Pois bem, cronologicamente e iniciando pela Lei n. 9.299/1996, até sua edição, que alterou dispositivos do CPM e do CPPM, o processamento e o julgamento de todos os crimes militares, inclusive os dolosos contra a vida cometidos por militar contra civil, eram de competência da Justiça Militar.

Referida lei, além das alterações promovidas no CPM, introduziu o § 2° ao art. 82 do CPPM, que passou a prever expressamente que "Nos crimes dolosos contra a vida, praticados contra civil, a Justiça Militar encaminhará os autos do inquérito policial militar à justiça comum" (Brasil, 1969b).

Passados oito anos, em 2004, com a Reforma do Poder Judiciário promovida pela Emenda Constitucional n. 45, entre outras mudanças relacionadas à Justiça Militar, alterou-se a redação do parágrafo 4° do art. 125 da CF de 1988, fazendo constar expressamente a competência do Tribunal do Júri para processar e julgar os crimes dolosos contra civis praticados por militares dos estados.

Por sua vez, a Lei n. 13.491/2017, sacramentando a questão, dispôs expressamente a competência do Tribunal do Júri para processamento e julgamento desses crimes, com a inserção do parágrafo 1° ao inciso II do art. 9° do CPM.

Portanto, a parte de fácil compreensão é a certeza de que o ordenamento jurídico vigente não deixa dúvidas de que o julgamento dos crimes dolosos contra vida e cometidos contra civil, quando praticados por militar, será de competência do Tribunal do Júri, por força do que dispõe expressamente o art. 125, parágrafo 4º, da CF de 1988 e o art. 9º, inciso II, alínea "b" e parágrafo 1º, do CPM. Vejamos da parte que causa confusão e divergência.

Como vimos, a Lei n. 9.299/1996 introduziu o parágrafo 2º no art. 82 do CPPM, cuja interpretação teleológica não deixa margem a dúvidas quanto à atribuição para a apuração dos fatos relacionados aos crimes dolosos contra a vida praticados contra civis é da Polícia Judiciária Militar, em razão da expressão "a Justiça Militar encaminhará os autos do inquérito policial militar à justiça comum", que consta no dispositivo (Brasil, 1969b). Contudo, "muito embora tenha **havido a mudança da competência para processo e julgamento do crime de homicídio doloso contra civil**, passando-a para o Júri, por parte da Constituição Federal e pela referida Lei, **o crime, ontologicamente, continua sendo militar**" (Roth, 2017, p. 140, grifo do original).

Em outras palavras, a apuração da existência ou não de crime doloso contra a vida praticado contra civil por militar deverá ocorrer, primeiramente, perante a Justiça Militar, conforme leitura do parágrafo 2º do art. 82 do CPPM, de modo que o encaminhamento dos autos à Justiça Comum será procedido somente nos casos em que houver justa causa acerca da prática de crime doloso contra a vida de civil:

> Art. 82. O foro militar é especial, e, exceto nos crimes dolosos contra a vida praticados contra civil, a ele estão sujeitos, em tempo de paz:
>
> [...]

> § 2° Nos crimes dolosos contra a vida, praticados contra civil, a Justiça Militar encaminhará os autos do inquérito policial militar à justiça comum. (Brasil, 1969b)

Nesse sentido, o Ministro Felix Fischer, do STJ, relator do *Habeas Corpus* n. 385.779/SP, ao proferir seu voto explicou que:

> Assim, a teor do disposto no § 2° do art. 82 do CPPM – "Nos crimes dolosos contra a vida, praticados contra civil, a Justiça Militar encaminhará os autos do inquérito policial militar à Justiça Comum" –, à Justiça Castrense compete apenas e tão somente apurar no inquérito se houve crime doloso contra a vida, praticado por militar contra civil, ou não.
>
> [...]
>
> Conclui-se que o inquérito militar é instaurado para verificar se é ou não a hipótese de crime doloso contra a vida. Constatada a hipótese, o feito deve ser remetido para a Justiça Comum. (Brasil, 2017c)

Sobre o assunto, ainda, o Ministro Carlos Velloso, quando do julgamento da Medida Cautelar na Ação Direta de Inconstitucionalidade n. 1.494-3/DF, de relatoria do Ministro Celso de Mello, realizado pelo STF, aduziu em seu voto vencedor que:

> à Justiça Militar Estadual compete julgar os policiais militares nos crimes militares praticados pelos mesmos. Os crimes militares são definidos em lei (C.F., art. 125, §4°).

Esta é a regra.

A lei ordinária, a qual compete definir os crimes militares, excepciona: os crimes dolosos contra a vida, praticados pelos policiais militares, contra civis, serão da competência da Justiça comum: Lei 9.299, de 07.08.1996. Excepcionou-se, portanto, a regra. Esses crimes, contidos na exceção, serão da competência da Justiça comum.

Mas a própria lei, que assim procedeu, estabeleceu que, "nos crimes dolosos contra a vida, praticados contra civil, a Justiça Militar encaminhará os autos do inquérito policial militar à Justiça comum".

É dizer, a Lei 9.299, de 1996, estabeleceu que à Justiça Militar competirá exercer o exame primeiro da questão. Noutras palavras, a Justiça Militar dirá, por primeiro, se o crime é doloso ou não; se doloso, encaminhará os autos do inquérito policial militar à Justiça comum. Registre-se: encaminhará os autos do inquérito policial militar. É a lei, então, que deseja que as investigações sejam conduzidas, por primeiro, pela Polícia Judiciária Militar.

[...] Mas o que deve ser reconhecido é que o primeiro exame é da Justiça Militar, que, verificando se o crime é doloso, encaminhará os autos do IPM à Justiça Comum. É o que está na lei. Posta a questão em tais termos, força é concluir que a Polícia Civil não pode instaurar, no caso, inquérito. O inquérito correrá por conta da Polícia Judiciária Militar, mediante inquérito

> policial militar. Concluído o IPM, a Justiça Militar decidirá, remetendo os autos à Justiça comum, se reconhecer que se trata de crime doloso praticado contra civil. (Brasil, 2001)

Recentemente, novamente o STF se pronunciou sobre a questão, oportunidade em que o Ministro Edson Fachin, no Recurso Extraordinário n. 1.146.235/SP, reiterou o posicionamento já adotado pela Corte, aduzindo, em síntese, que:

> A Justiça Militar é competente para efetuar a análise prévia do cometimento de crime apurado pela polícia judiciária militar. Legislação que prevê o encaminhamento dos autos ao Tribunal do Júri apenas quando do reconhecimento da existência de crime militar doloso praticado contra a vida de civil. [...] (Brasil, 2018b)

Com base nas referidas premissas, portanto, não restam dúvidas de que é atribuição da Justiça Militar a constatação da existência ou não de indícios de autoria e materialidade da prática de crime doloso contra a vida de civil por militar.

A *contrario sensu*, depreendemos que, não sendo constatados indícios de autoria e materialidade da prática de crime doloso contra a vida de civil, não há razão para se proceder ao encaminhamento dos autos ao Tribunal do Júri.

— 4.4.3 —
Segunda instância Justiça Militar da União

A segunda instância da Justiça Militar da União é o Superior Tribunal Militar (STM), cuja composição observa os termos do art. 123[11] da CF de 1988.

De acordo com o art. 6º, inciso I, alínea "a", da Lei n. 8.457/1992, compete ao STM: "I – processar e julgar originariamente: a) os oficiais generais das Forças Armadas, nos crimes militares definidos em lei" (Brasil, 1992). Contudo, se esse crime militar for cometido por oficial-general que seja Comandante da Marinha, do Exército ou da Aeronáutica, a competência será do STF, nos termos do art. 102, inciso I, alínea "c", da CF de 1988.

Ao STM também compete processar e julgar os recursos interpostos contra as decisões dos Juízes Federais da Justiça Militar e dos Conselhos de Justiça (especial e permanente). Ainda, é competente para processar e julgar os feitos originários dos Conselhos de Justificação.

Ressalva importante diz respeito à medida recursal cabível das decisões (dos acórdãos) do STM. De acordo com disposto

11 "Art. 123. O Superior Tribunal Militar compor-se-á de quinze Ministros vitalícios, nomeados pelo Presidente da República, depois de aprovada a indicação pelo Senado Federal, sendo três dentre oficiais-generais da Marinha, quatro dentre oficiais-generais do Exército, três dentre oficiais-generais da Aeronáutica, todos da ativa e do posto mais elevado da carreira, e cinco dentre civis. Parágrafo único. Os Ministros civis serão escolhidos pelo Presidente da República dentre brasileiros maiores de trinta e cinco anos, sendo: I – três dentre advogados de notório saber jurídico e conduta ilibada, com mais de dez anos de efetiva atividade profissional; II – dois, por escolha paritária, dentre juízes auditores e membros do Ministério Público da Justiça Militar." (Brasil, 1988)

no art. 102, inciso III, da CF de 1988, caberá somente recurso extraordinário ao STF, portanto, desde que preenchidos seus requisitos, tendo em vista que recurso especial somente é cabível diante de "causas decididas, em única ou última instância, pelos Tribunais Regionais Federais ou pelos Tribunais dos Estados, do Distrito Federal e Territórios", conforme prevê o art. 105, inciso III, da CF de 1988, o que não é o caso (Brasil, 1988).

— 4.4.4 —
Segunda instância da Justiça Militar dos estados

Os órgãos de segunda instância das Justiças Militares dos estados são os Tribunais de Justiça Militares nos estados que os instalaram (Rio Grande do Sul, São Paulo e Minas Gerais) ou os próprios Tribunais de Justiça nas demais unidades federativas.

A Justiça Militar dos estados tem competência para processar e julgar os recursos interpostos contra decisões dos juízes de direito militares[12] e de acórdãos dos Conselhos de Justiça (especial e permanente).

Das decisões proferidas pelos órgãos de segunda instância das Justiças Militares dos estados caberá tanto recurso extraordinário ao STF nos termos do art. 102, inciso III, da CF de 1988,

12 Competência para julgar crimes militares praticados pelos policiais e bombeiros militares contra civis que figurem como vítimas e as ações disciplinares militares, ressalvados, obviamente, os crimes dolosos contra a vida de civil, cuja competência é do Tribunal do Júri.

desde que preenchidos seus requisitos, quanto recurso especial, eis que cabível diante de causas decididas, em única ou última instância, pelos Tribunais Regionais Federais ou pelos Tribunais dos estados, do Distrito Federal e Territórios (art. 105, III, da CF de 1988), sendo este, portanto, o caso.

Encerrando o tema, vejamos, a seguir, um quadro comparativo extraído da obra de Lima (2019, p. 378-379) que bem resume as competências das Justiças das Militares da União e dos Estados.

Quadro 4.1 – Comparativo entre a Justiça Militar da União e a Justiça Militar Estadual

Justiça Militar da União	Justiça Militar Estadual
1. Competência criminal: crimes militares. Com o advento da Lei n. 13.491/17, consideram-se *crimes militares* não apenas os crimes previstos no Código Penal Militar, mas também os previstos na legislação penal;	**1. Competência criminal**: crimes militares. Com o advento da Lei n. 13.491/17, consideram-se *crimes militares* não apenas os crimes previstos no Código Penal Militar, mas também os previstos na legislação penal;
1.1. Tem competência para o processo e julgamento de crimes dolosos contra a vida cometidos por militares das Forças Armadas contra civis (CPM, art. 9°, § 2°, incluído pela Lei n. 13.491/17);	**1.1.** Não tem competência para o processo e julgamento de crimes dolosos contra a vida cometidos por militares estaduais, ainda que em serviço, contra civis (CF, art. 125, § 4°);
2. Competência cível: não tem competência para o processo e julgamento de ações judiciais contra atos disciplinares militares;	**2. Competência cível**: é dotada de competência para o processo e julgamento de ações judiciais contra atos disciplinares militares;

(continua)

(Quadro 4.1 – conclusão)

Justiça Militar da União	Justiça Militar Estadual
3. Acusado: pode processar e julgar tanto civis quanto militares;	**3. Acusado**: pode processar e julgar somente os militares dos Estados;
4. Critério de fixação da competência: competência *ratione materiae* (crimes militares);	**4. Critério de fixação da competência**: competência *ratione materiae* (crimes militares + ações judiciais contra atos disciplinares militares) e *ratione personae* (militares dos Estados);
5. Órgãos jurisdicionais de 1ª instância: **a) Juízes Federais da Justiça Militar**: têm competência monocrática para o processo e julgamento de civis, e militares, quando estes forem acusados juntamente com aqueles no mesmo processo; **b) Conselhos Especial e Permanente de Justiça**: julgam os crimes militares praticados apenas por militares federais;	**5. Órgãos jurisdicionais de 1ª instância**: **a) Juiz de Direito do Juízo Militar**: julga, monocraticamente, os crimes militares cometidos contra civis e as ações judiciais contra atos disciplinares militares; **b) Conselhos Especial e Permanente de Justiça**: julgam os demais crimes militares;
6. Presidência dos Conselhos de Justiça: Juiz Federal da Justiça Militar;	**6. Presidência dos Conselhos de Justiça**: Juiz de Direito do Juízo Militar;
7. Órgãos jurisdicional de 2ª instância: Superior Tribunal Militar.	**7. Órgãos jurisdicional de 2ª instância**: Tribunal de Justiça Militar, nos estados de Minas Gerais, São Paulo e Rio Grande do Sul; Tribunal de Justiça do Estados, nos demais estados da Federação.

Fonte: Lima, 2019, p. 378-379, grifo do original.

— 4.5 —
Prisão provisória

As formas de prisão no CPPM estão insertas no Título XIII, que trata das medidas preventivas e assecuratórias, em seu Capítulo III, o qual dispõe sobre as providências que recaem sobre pessoas, estabelecendo que as prisões provisórias são: a prisão em flagrante delito e preventiva.

Ainda, há a previsão do comparecimento espontâneo (Capítulo IV), da menagem (Capítulo V), da liberdade provisória (Capítulo VI) e da aplicação provisória de medida de segurança (Capítulo VII).

Por oportuno, ressaltamos que existem outras medidas preventivas e assecuratórias (Título XIII), que recaem sobre coisas e pessoas (Capítulo I) e somente sobre coisas (Capítulo II), as quais muito se assemelham às previstas no Código de Processo Penal comum, razão pela qual remetemos à análise dos arts. 170 a 219 do CPPM.

Nesta obra, por questões de especialidade, trataremos das seguintes espécies de prisão provisória: prisão em flagrante delito, preventiva e menagem.

Inicialmente, destacamos que *prisão provisória* é a que ocorre durante o IPM ou no curso da ação penal, antes da condenação definitiva (trânsito em julgado), conforme disciplina o art. 220 do CPPM. Portanto, é gênero do qual são espécies: a prisão em flagrante delito, a prisão preventiva, a detenção do art. 18 do CPPM etc.

O art. 221 do CPPM dispõe: "Ninguém será preso senão em flagrante delito ou por ordem escrita de autoridade competente" (Brasil, 1969b). Salientamos que a redação do dispositivo, na parte final, alude à "autoridade competente", e não à autoridade judicial, o que torna legal a modalidade de detenção do investigado pelo encarregado do IPM, prevista no art. 18[13] do CPPM, para os crimes propriamente militares previstos em lei. Não obstante, referida detenção tem respaldo constitucional, de acordo com o inciso LXI do art. 5º da CF de 1988, segundo o qual "ninguém será preso senão em flagrante delito ou por ordem escrita e fundamentada de autoridade judiciária competente, salvo nos casos de transgressão militar ou **crime propriamente militar, definidos em lei**" (Brasil, 1988, grifo nosso).

A redação do art. 222 do CPPM guarda identidade com o inciso LXII[14] do art. 5º da CF de 1988, uma vez que assim estabelece: "A prisão ou detenção de qualquer pessoa será imediatamente levada ao conhecimento da autoridade judiciária competente, com a declaração do local onde a mesma se acha sob custódia e se está, ou não, incomunicável" (Brasil, 1969b), devendo a autoridade judiciária, ao tomar conhecimento da

---

13 "Art. 18. Independentemente de flagrante delito, o indiciado poderá ficar detido, durante as investigações policiais, até trinta dias, comunicando-se a detenção à autoridade judiciária competente. Êsse prazo poderá ser prorrogado, por mais vinte dias, pelo comandante da Região, Distrito Naval ou Zona Aérea, mediante solicitação fundamentada do encarregado do inquérito e por via hierárquica." (Brasil, 1969b)

14 "LXII - a prisão de qualquer pessoa e o local onde se encontre serão comunicados imediatamente ao juiz competente e à família do preso ou à pessoa por ele indicada;" (Brasil, 1988)

prisão ilegal, relaxá-la de imediato, nos termos do art. 224 do CPPM c/c o inciso LXV do art. 5º da CF de 1988.

Também incumbe à autoridade policial judiciária relaxar as prisões em flagrante delito ilegais, conforme prevê o parágrafo 2º do art. 247 do CPPM[15].

Nos termos do art. 223 do CPPM, "A prisão de militar em flagrante delito deverá ser feita por outro militar de posto ou graduação superior; ou, se igual, mais antigo" (Brasil, 1969b). Na prática, existirão situações que nem sempre poderão ser procedidas nas condições do art. 223, tratando-se de aplicação relativa. No entanto, o registro da prisão deverá, necessariamente, obedecer à regra estabelecida no dispositivo.

O mandado de prisão preventiva expedido pelo Juízo competente ou de detenção pela autoridade policial judiciária militar no IPM (art. 18 do CPPM) deverá ser expedido em duas vias e conter os seguintes requisitos, nos termos do art. 225 do CPPM:

> a) será lavrado pelo escrivão do processo ou do inquérito, ou *ad hoc*, e assinado pela autoridade que ordenar a expedição;
>
> b) designará a pessoa sujeita a prisão com a respectiva identificação e moradia, se possível;
>
> c) mencionará o motivo da prisão;
>
> d) designará o executor da prisão. (Brasil, 1969b)

---

15 "§ 2º Se, ao contrário da hipótese prevista no art. 246, a autoridade militar ou judiciária verificar a manifesta inexistência de infração penal militar ou a não participação da pessoa conduzida, relaxará a prisão. Em se tratando de infração penal comum, remeterá o preso à autoridade civil competente." (Brasil, 1969b)

Uma das vias ficará com o preso (ou detido), e a autoridade policial judiciária militar assinará a outra. Caso não queira ou não possa, será certificado pelo executor na própria via.

As regras de tempo e lugar do cumprimento do mandado de prisão seguem as mesmas do Código de Processo Penal comum, alinhadas aos mandamentos constitucionais da inviolabilidade de domicílio, conforme se denota dos arts. 226 e 227 do CPPM. O cumprimento de mandado de prisão fora da jurisdição da autoridade judiciária militar será feito por carta precatória. Se ocorrer no curso do IPM (art. 18 do CPPM), será feito por ofício pelo encarregado ao Comandante da Região Militar, Distrito Naval ou Zona Aérea, ou ao Comandante-geral da instituição no caso de Polícias e Bombeiros Militares, conforme preceitua o art. 228 do CPPM (Neves, 2018).

Recebida a precatória pelo juízo deprecado, este verificará sua autenticidade e legalidade e dará cumprimento. Cumprida a ordem, devolverá e providenciará sua transferência ao juízo deprecante. Não sendo possível encontrar o militar alvo do mandado, devolverá ao juízo deprecante (art. 236 do CPPM). Contudo, o art. 229 do CPPM estabelece que, "Se o capturando estiver no estrangeiro, a autoridade judiciária se dirigirá ao Ministro da Justiça para que, por via diplomática, sejam tomadas as providências que no caso couberem" (Brasil, 1969b).

A captura perfectibiliza-se, no caso da prisão em flagrante, pela simples voz de prisão e, no caso de mandado de prisão, pela entrega das duas vias ao capturando e sequente voz de prisão pelo executor. A recaptura de investigado ou acusado evadido independe de ordem e pode ser procedida por qualquer pessoa (art. 230, "a", "b" e parágrafo único, do CPPM).

Caso o capturando esteja em alguma casa, será ordenado ao dono que o entregue mostrando o mandado de prisão. Se o executor não tiver certeza da presença do executando na casa, precisará de mandado de busca expedido pela autoridade competente caso não se ele próprio (art. 231 e parágrafo único do CPPM). Ainda, a captura em domicílio é aplicável no caso de prisão em flagrante delito.

Havendo recusa na entrega, segundo o art. 232 do CPPM, o executor convocará duas testemunhas e procederá:

> a) sendo dia, entrará à força na casa, arrombando-lhe a porta, se necessário;
>
> b) sendo noite, fará guardar todas as saídas, tornando a casa incomunicável, e, logo que amanheça, arrombar-lhe-á a porta e efetuará a prisão.
>
> Parágrafo único. O morador que se recusar à entrega do capturando será levado à presença da autoridade, para que contra ele se proceda, como de direito, se sua ação configurar infração penal. (Brasil, 1969b)

Poderá o morador recalcitrante incorrer, por exemplo, nos crimes militares de favorecimento a convocado (art. 186 do CPM), de favorecimento a desertor (art. 193 do CPM), de favorecimento pessoal (art. 350 do CPM) ou de favorecimento real (art. 351 do CPM), podendo-lhe ser dado voz de prisão em flagrante delito.

O executor poderá, ainda, conforme o art. 234 do CPPM, utilizar-se de emprego de força "quando indispensável, no caso de desobediência, resistência ou tentativa de fuga. Se houver resistência da parte de terceiros, poderão ser usados os meios necessários para vencê-la ou para defesa do executor e auxiliares seus, inclusive a prisão do ofensor. De tudo se lavrará auto subscrito pelo executor e por duas testemunhas" (Brasil, 1969b).

Por sua vez, o parágrafo 1º do art. 234 do CPPM prevê que "O emprego de algemas deve ser evitado, desde que não haja perigo de fuga ou de agressão da parte do preso e, de modo algum será permitido, nos presos a que se refere o art. 242" (Brasil, 1969b). E o parágrafo 2º do mesmo dispositivo estabelece que o uso de armas somente "se justifica quando absolutamente necessário para vencer a resistência ou proteger a incolumidade do executor da prisão ou a de auxiliar seu" (Brasil, 1969b).

O art. 242 do CPPM refere-se ao direito de recolhimento a quartel ou a prisão especial de certas pessoas em razão do cargo que ocupam ou por ostentarem qualidades elencadas nas alíneas do referido dispositivo antes de condenação irrecorrível, quais sejam:

> a) os ministros de Estado;
>
> b) os governadores ou interventores de Estados, ou Territórios, o prefeito do Distrito Federal, seus respectivos secretários e chefes de Polícia;

> c) os membros do Congresso Nacional, dos Conselhos da União e das Assembleias Legislativas dos Estados;
>
> d) os cidadãos inscritos no Livro de Mérito das ordens militares ou civis reconhecidas em lei;
>
> e) os magistrados;
>
> f) os oficiais das Forças Armadas, das Polícias e dos Corpos de Bombeiros, Militares, inclusive os da reserva, remunerada ou não, e os reformados;
>
> g) os oficiais da Marinha Mercante Nacional;
>
> h) os diplomados por faculdade ou instituto superior de ensino nacional;
>
> i) os ministros do Tribunal de Contas;
>
> j) os ministros de confissão religiosa. (Brasil, 1969b)

Ainda, o parágrafo único do art. 242 do CPPM dispõe que "A prisão de praças especiais[16] e a de graduados[17] atenderá aos respectivos graus de hierarquia" (Brasil, 1969b).

Vale ressaltar também o regramento do art. 237 do CPPM:

> Art. 237. Ninguém será recolhido à prisão sem que ao responsável pela custódia seja entregue cópia do respectivo mandado, assinado pelo executor, ou apresentada guia pela autoridade competente, devendo ser passado recibo da entrega do preso, com declaração do dia, hora e lugar da prisão.

---

16 Estatuto dos militares – Lei n. 6.880, de 9 de dezembro de 1980: "Art. 16. [...] § 4º Os Guardas-Marinha, os Aspirantes-a-Oficial e os alunos de órgãos específicos de formação de militares são denominados praças especiais;" (Brasil, 1980).

17 Aqueles militares que têm graduação (ensino) superior.

> Parágrafo único. O recibo será passado no próprio mandado, se este for o documento exibido. (Brasil, 1969b)

Igualmente, em observância ao art. 238 e parágrafo único do CPPP, ninguém "será transferido de prisão sem que o responsável pela transferência faça a devida comunicação à autoridade judiciária que ordenou a prisão", devendo o novo recolhimento seguir as regras do art. 237 do CPPM (Brasil, 1969b).

Os presos provisórios deverão permanecer separados dos condenados em definitivo (art. 239 do CPPM), e a prisão deve ser um local limpo e arejado, onde o detento possa repousar durante a noite, sendo proibido seu recolhimento em masmorra, solitária ou em cela na qual não penetre a luz do dia (art. 240 do CPPM).

O art. 241 e seu parágrafo único alinham-se à normativa do inciso XLIX[18] do art. 5º da CF de 1988. Vejamos:

> Art. 241. Impõe-se à autoridade responsável pela custódia o respeito à integridade física e moral do detento, que terá direito a presença de pessoa da sua família e a assistência religiosa, pelo menos uma vez por semana, em dia previamente marcado, salvo durante o período de incomunicabilidade, bem como à assistência de advogado que indicar, nos têrmos do art. 71, ou, se estiver impedido de fazê-lo, à do que fôr indicado por seu cônjuge, ascendente ou descendente.

18 "XLIX – é assegurado aos presos o respeito à integridade física e moral;" (Brasil, 1988)

> Parágrafo único. Se o detento necessitar de assistência para tratamento de saúde ser-lhe-á prestada por médico militar. (Brasil, 1969b)

Feitas essas considerações gerais sobre a prisão provisória como gênero, prosseguimos, agora, à análise de suas espécies.

— 4.5.1 —
Prisão em flagrante delito

O art. 243 do CPPM dispõe que "Qualquer pessoa poderá [flagrante facultativo] e os militares deverão [flagrante obrigatório] prender quem for insubmisso ou desertor, ou seja encontrado em flagrante delito" (Brasil, 1969b).

Os cidadãos **não militares** não têm obrigação de autuar qualquer militar infrator, ao passo que os **militares** têm a obrigação legal de fazê-lo, sob pena de responsabilização penal militar e administrativa.

Interessante e importante ressalva quanto à imposição da obrigação aos militares de detenção física do autor do fato está diretamente ligada às funções de cada uma das Forças Militares e das Forças Auxiliares.

Os militares federais não estão obrigados a proceder prisão em flagrante delito em crimes comuns nem em crimes militares estaduais, sendo-lhes uma faculdade. Igualmente, o militar do Corpo de Bombeiros somente estará obrigado a prender militar estadual que comete crime militar que afete sua instituição.

Via outra, os policias militares estão obrigados, por força constitucional, a proceder a prisão de agentes que cometem qualquer natureza de crime, sejam eles militares contra sua instituição, sejam militares contra o Corpo de Bombeiros, sejam militares federais ou comuns, conforme dispõe o parágrafo 5º do art. 144 da CF de 1988. Contudo, somente após a ordem de prisão, conforme visto, nos termos do art. 223 do CPPM.

À insubmissão e à deserção está autorizada a prisão em flagrante delito, haja vista tratar-se de crimes de natureza permanente, ou seja, enquanto não haja a captura ou a entrega espontânea do insubmisso ou do desertor, os efeitos do crime se protraem no tempo. Todavia, não será lavrado auto de prisão em flagrante até que sejam apuradas mediante lavratura de termo de deserção ou insubmissão (instrumento de instrução provisória) em procedimento especial, que será analisado adiante.

As modalidades de flagrante delito previstas no art. 244 são as mesmas previstas no Código de Processo Penal comum, razão pela qual a elas fazemos remissão e recomendamos a revisitação.

São requisitos da prisão em flagrante expressamente previstos: a certeza da autoria e da materialidade do delito militar; os crimes que estabeleçam pena privativa de liberdade; e desde que não haja vedação legal à efetivação da prisão em flagrante.

A **certeza da autoria e da materialidade do delito militar** é premissa lógica. Se não houver certeza da autoria do delito, o procedimento correto é a instauração de IPM para que seja apurado devidamente, sob pena de constrangimento ilegal sanável via *habeas corpus*.

Com relação aos **crimes que estabeleçam pena privativa de liberdade**, igualmente parece decorrer de lógica antipunitivista. A exemplo, não há lógica na prisão em flagrante de um oficial militar flagrado praticando comércio, à qual é cominada pena de suspensão do exercício do posto ou reforma (art. 204 do CPM), e não privativa de liberdade. Em outras palavras, em hipótese alguma seria privado de sua liberdade. Nesse sentido dispõe o art. 270 do CPPM, que determina que a autoridade judiciária militar conceda liberdade provisória nos casos infração a que não for cominada pena privativa de liberdade.

Quanto ao requisito de que **não haja vedação legal**, didaticamente, trata-se daquelas vedações trazidas nos tipos penais. Como exemplo, citamos o art. 281 do CPM (fuga após acidente de trânsito), que, em seu parágrafo único, informa que ficará isento de prisão em flagrante o militar que "se abstém de fugir e, na medida que as circunstâncias o permitam, presta ou providencia para que seja prestado socorro à vítima [...]" (Brasil, 1969a).

Discussão há sobre a possibilidade ou não da autoridade policial judiciária militar relaxar flagrante pela existência de causas excludentes de ilicitude e culpabilidade. Neves (2018) posiciona-se pela possibilidade de que tanto as causas excludentes de ilicitude quanto as de culpabilidade devem obstar a prisão em flagrante do agente.

Noutra via, referido autor cita a posição de Nucci, que entende "pela possibilidade do relaxamento exclusivamente nos casos em que ficar patente a inexistência de autoria e não na análise de excludentes de ilicitude e culpabilidade que ficará a cargo da autoridade judiciária militar para fins de concessão de liberdade provisória" (Nucci, citado por Neves, 2018, p. 394).

Não obstante, o próprio parágrafo 2° do art. 247 assim dispõe:

> Art. 247. [...]
>
> [...]
>
> § 2° Se, ao contrário da hipótese prevista no art. 246, a autoridade militar ou judiciária verificar a manifesta inexistência de infração penal militar ou a não participação da pessoa conduzida, relaxará a prisão. Em se tratando de infração penal comum, remeterá o preso à autoridade civil competente. (Brasil, 1969b)

Então, autoridade policial judiciária militar verificará a presença ou não de excludentes de ilicitude e de culpabilidade. Contudo, o melhor entendimento é de que a verificação da presença de eventuais excludentes de ilicitude e culpabilidade para fins de liberdade provisória fique a cargo da autoridade judiciária militar.

— 4.5.2 — Prisão preventiva

A prisão preventiva no CPPM está prevista no art. 254, alíneas "a" e "b" e parágrafo único. Como requisitos, exige os mesmos pressupostos positivos previstos no Código de Processo Penal comum, quais sejam: prova do fato delituoso e indícios suficientes de autoria (*fumus comissi delicti*).

Poderá ser decretada em qualquer fase do IPM mediante representação da autoridade encarregada ou por requerimento do Ministério Público.

No curso do processo penal militar, poderá ser decretada pelo **juiz auditor** (leia-se, juiz militar federal ou juiz de direito militar) ou pelo Conselho de Justiça, de ofício ou por requerimento do Ministério Público. Em processos que originários do STM ou dos Tribunais Militares estaduais ou Tribunais de Justiça estaduais, a decretação da prisão preventiva caberá ao relator do feito.

Para a decretação, cumulativamente ao *fumus comissi deliciti*, há de estar presente, no caso concreto, o perigo da liberdade (*periculum libertatis*) do investigado ou acusado. O art. 255 do CPPM estabelece as cinco hipóteses autorizadoras:

> Art. 255. A prisão preventiva, além dos requisitos do artigo anterior, deverá fundar-se em um dos seguintes casos:
>
> a) garantia da ordem pública;
>
> b) conveniência da instrução criminal;
>
> c) periculosidade do indiciado ou acusado;
>
> d) segurança da aplicação da lei penal militar;
>
> e) exigência da manutenção das normas ou princípios de hierarquia e disciplina militares, quando ficarem ameaçados ou atingidos com a liberdade do indiciado ou acusado. (Brasil, 1969b)

A **garantia da ordem pública**, prevista na alínea "a" do art. 255 do CPPM, trata-se de fundamento completamente abstrato, objeto de críticas por parte da doutrina, que permite abarcar uma gama sem fim de argumentos para preenchê-lo. Não existe um parâmetro objetivo, tampouco um limite qualitativo ou quantitativo. O que é para alguns magistrados, não é para outros. A subjetividade é seu guia. Nessa perspectiva, Aury Lopes Junior (2019, p. 798) reputa que a hipótese "garantia da ordem pública" encerra grave problema

> pois se trata de um conceito vago, impreciso, indeterminado e despido de qualquer referencial semântico. Sua origem remonta a Alemanha na década de 30, período em que o nazifascismo buscava exatamente isso: uma autorização geral e aberta para prender. Até hoje, ainda que de forma mais dissimulada, tem servido a diferentes senhores, adeptos dos discursos autoritários e utilitaristas, que tão "bem" sabem utilizar dessas cláusulas genéricas e indeterminadas do Direito para fazer valer seus atos prepotentes.

Não obstante, a jurisprudência do STF, no *Habeas Corpus* n. 143.064/SP, de relatoria do Ministro Edson Fachin, traça um conceito de *garantia da ordem pública*:

> A garantia da ordem pública depende da ocorrência de um perigo. No sentido do processo penal, o perigo para a ordem pública pode caracterizar-se na perspectiva subjetiva do acusado ou na perspectiva objetiva da sociedade.

> Pelo ângulo do acusado procura-se aferir a probabilidade de que o acusado volte a delinquir, o que se pretende evitar com sua prisão preventiva. Isso pode ser verificado levando-se em conta a personalidade do agente, seus antecedentes.
>
> Pela perspectiva da sociedade, pode-se decretar a prisão preventiva também diante da repercussão social produzida pela prática da infração penal, desde que coloque em risco a ordem pública. (Brasil, 2017e)

Por sua vez, a **conveniência da instrução criminal**, prevista na alínea "b" do art. 255 do CPPM, refere-se à intenção de garantir o não comprometimento da colheita de provas, a não frustação da realização de diligências que pode ocorrer quando o investigado/acusado, por exemplo, ameaça ou corrompe testemunhas ou peritos, destrói provas ou suas fontes, ameaça o ofendido ou aqueles que atuam na persecução criminal (Neves, 2018).

A **periculosidade do indiciado (investigado) ou acusado,** hipótese constante na alínea "c" do art. 255 do CPPM, conforme Lobão (citado por Neves, 2018, p. 713), "pode ser aferida pelo seu comportamento após o crime, com atitudes ameaçadoras, através de atos concretos, à coletividade militar ou civil. Embora haja decisões em sentido contrário, a forma como o agente pratica o delito é demonstrativo de periculosidade".

A alínea "d" do art. 255 do CPPM prevê a hipótese de prisão preventiva para **segurança da aplicação da penal militar**, a qual está ligada ao risco de fuga do investigado/acusado.

A última hipótese prevista no art. 255 do CPPM, a **exigência da manutenção de normas e princípios de hierarquia e disciplina militares**, disposta na alínea "e", está atrelada ao comportamento do investigado/acusado, evidenciando-se acintoso, desafiador, desrespeitoso com relação aos seus superiores e subordinados, desde que relacionado ao fato delituoso em apuração. Conforme destaca Neves (2018), a jurisprudência acata essa hipótese pacificamente quando verificadas no caso concreto (STJ: HC n. 60.623/PE; HC n. 33.360/MS; STM: HC n. 0000152-12.2010.7.00.0000). Ilustrativamente, vejamos o teor de decisão do Juiz de Direito Militar e doutrinador Ronaldo João Roth, oficiando perante a Primeira Auditoria da Justiça Militar do Estado de São Paulo, no curso do Processo n. 57.762/2010:

> 6 – A situação é de concreta reiteração de prática delituosa, por parte do réu, o qual em menos de um ano e cinco meses praticou pelo menos 10 (dez) crimes, além do falto de em menos de um, ano e três meses ser transferido a bem da disciplina no âmbito da caserna, demonstrando, assim, o réu, periculosidade e que a sua liberdade é perniciosa e nociva à ordem pública e aos princípios de hierarquia e disciplina militares.
>
> 7 – O fato do réu ser Oficial Superior da Polícia Militar (Major PM) não lhe dá o direito de praticar reiterados crimes e também não lhe deixa imune à segregação cautelar, ainda mais quando as condutas delituosas do réu são praticadas contra autoridade judiciária, contra Promotor de Justiça, contra superiores hierárquicos, como bem demonstra na Solução do IPM (fls. 480/483).

> 8 – As duas transferências do réu na Polícia Militar a bem da disciplina deixam claro e concreto que a conduta do acusado é nociva ao ambiente sadio da caserna, e verificando que, nesse período, praticou dez condutas delituosas, a sua prisão cautelar é medida imperiosa da qual o Poder Judiciário não pode fechar os olhos, nem se omitir [...]. (Roth, citado por Neves, 2018, p. 713-714)

Como última consideração acerca da prisão preventiva, por inexistir regramento específico acerca de **medidas cautelares diversas da prisão no CPPM** e estas decorrerem da lógica constitucional dos princípios da não culpabilidade e da intervenção mínima, bem como porque o *status libertatis* figura como regra no ordenamento jurídico, é possível a aplicação por analogia do art. 319 do Código de Processo Penal comum ao CPPM, por força do art. 3º, alínea "a" do CPPM, ressalvadas as hipótese dos incisos VII e VIII daquele artigo, uma vez que há aplicação provisória de medida de segurança e inexistem crimes militares afiançáveis respectivamente no CPPM.

Por decorrência lógica constitucional do art. 93, inciso IX, da CF de 1988, qualquer decisão acerca da prisão preventiva (decretação, indeferimento de decretação, indeferimento de pedido de liberdade provisória) deverá ser concretamente fundamentada, bem como sua representação pela autoridade policial judiciária militar ou requerimento pelo Ministério Público (art. 256 do CPPM).

— 4.5.3 —
Menagem

Menagem é uma espécie de prisão provisória fora do cárcere. Ensina Neves (2018, p. 734) que se trata da

> manutenção do acusado, de maneira provisória, sem condenação (nem mesmo a recorrível), em local determinado pela autoridade judiciária (juiz auditor (federal militar), juiz de direito ou Conselho de justiça), em vez de sofrer os rigores de um encarceramento. É, em outros termos, uma consideração, uma homenagem, ao autor de um fato considerado crime militar, desde que verificadas certas situações.

O art. 263 do CPPM assim preceitua: "A menagem poderá ser concedida pelo juiz, nos crimes cujo máximo da pena privativa da liberdade não exceda a quatro anos, tendo-se, porém, atenção a natureza do crime e aos antecedentes do acusado" (Brasil, 1969b). Ainda, é requisito, conforme expressa o art. 269 do CPPM, ser o acusado réu primário. Portanto, são esses os **requisitos objetivos e subjetivos** para concessão.

O art. 264 do CPPM prevê os **lugares de cumprimento** da menagem. São previstos dois locais em razão da natureza do agente: militar ou civil. A menagem do militar ocorrerá no lugar em que este residia quando ocorreu o crime, ou seja, na sede do juízo processante. Ainda, conforme seu posto ou graduação, poderá cumprir em quartel, navio, acampamento ou em estabelecimento ou sede de órgão militar. A menagem do civil, por sua vez, ocorrerá no lugar da sede do juízo ou em lugar sujeito à administração militar, se assim entender necessário a autoridade que a conceder.

De acordo com o parágrafo 1º do art. 264 do CPPM, "O Ministério Público será ouvido, previamente, sobre a concessão da menagem, devendo emitir parecer dentro do prazo de três dias" (Brasil, 1969b). E nos termos de seu parágrafo 2º, para concessão da menagem "em lugar sujeito à administração militar, será pedida informação, a respeito da sua conveniência, à autoridade responsável pelo respectivo comando ou direção" (Brasil, 1969b).

O art. 265 do CPPM determina, ainda, que "Será cassada a menagem àquele que se retirar do lugar para o qual foi ela concedida, ou faltar, sem causa justificada, a qualquer ato judicial para que tenha sido intimado ou a que deva comparecer independentemente de intimação especial" (Brasil, 1969b).

Por decorrência legal do art. 464 do CPPM[19], o art. 266 desse código prevê que o insubmisso "terá o quartel por menagem, independentemente de decisão judicial, podendo, entretanto, ser cassada pela autoridade militar, por conveniência de disciplina" (Brasil, 1969b).

A menagem cessará com a sentença condenatória, ainda que sem trânsito em julgado ou, antes dela, caso o juiz entenda que não mais seja necessária ao interesse da Justiça, liberando o acusado das obrigações dela decorrentes (art. 267 do CPPM).

---

19 "Art. 464. O insubmisso que se apresentar ou for capturado terá o direito ao quartel por menagem [...]." (Brasil, 1969b)

Em caráter argumentativo, a menagem do insubmisso não diferirá de eventual condenação, haja vista que pena cominada abstratamente é de três meses a um ano de impedimento, com cumprimento no quartel, sem prejuízo da instrução criminal. Portanto, ao fim e ao cabo, o insubmisso cumprirá sua pena no quartel e prestará faticamente o serviço militar obrigatório.

Como última nota, a menagem concedida em residência ou cidade não será levada em conta no cumprimento da pena. Em outras palavras, não haverá a detração da menagem cumprida em residência, conforme determina o art. 268 do CPPM. Por lógica inversa, aquela cumprida no quartel será considerada para fins de detração da pena aplicada.

— 4.6 —
Processos em espécie

Antes de adentrarmos nas modalidades de procedimentos previstos no CPPM, insta consignar as modalidades de ações penais previstas no CPPM.

A regra no processo penal militar é a **ação é pública incondicionada**, cujo titular é o Ministério Público Militar, em razão da incidência do princípio da oficialidade (art. 29 do CPPM). Também prevê o CPPM a **ação penal pública condicionada à requisição** (art. 31) e, ainda, por previsão constitucional, temos a **ação penal privada subsidiária da pública** (art. 5º, LIX, da CF de 1988) nos casos de inércia do MP.

Com relação às modalidades de procedimentos, o CPPM prevê dois: o **ordinário**, que se destina a regulamentar o processamento de todos os crimes militares, à exceção dos crimes de deserção e de insubmissão, que são processados via procedimento **especial**. Não é demais lembrar que os crimes dolosos contra a vida de civil praticado por militar são processados e julgados no Tribunal do Júri. Vejamos.

— 4.6.1 — Procedimento ordinário

De início, é importante salientar que o procedimento ordinário no processo penal militar não guarda similaridade com os procedimentos previstos no Código de Processo Penal comum.

São pontos discrepantes: a inexistência de resposta à acusação ou defesa prévia ou qualquer manifestação preliminar que o valha; a inexistência de suspensão do processo quando citado por edital o acusado, o momento de indicação das testemunhas de defesa, o fracionamento dos atos instrutórios, a sessão de julgamento com debates orais havendo réplica e tréplica, entre outros.

Conforme veremos adiante, inexiste previsão no CPPM de apresentação resposta à acusação (art. 396-A do Código de Processo Penal comum) ou de defesa prévia (a exemplo art. 55 da Lei de Drogas - Lei n. 11.343/2006). A defesa técnica do acusado vai pronunciar-se em alegações escritas.

Ponto importantíssimo e que foi pacificado pelo STF (HC n. 127.900/AM) diz respeito ao interrogatório do acusado como último ato da instrução criminal, tal qual previsto no art. 400 do Código de Processo Penal comum, como garantia efetiva da ampla defesa e contraditório. Diferentemente, o CPPM, em seu art. 302[20], determina que o interrogatório do acusado seja o primeiro ato probatório da instrução criminal em desajuste com o espírito constitucional de direitos e garantias fundamentais.

> A exigência de realização do interrogatório ao final da instrução criminal, conforme o art. 400 do CPP, é aplicável no âmbito de processo penal militar. Essa a conclusão do Plenário, que denegou a ordem em "habeas corpus" no qual pleiteada a incompetência da justiça castrense para processar e julgar os pacientes, lá condenados por força de apelação. A defesa sustentava que eles não mais ostentariam a condição de militares e, portanto, deveriam se submeter à justiça penal comum. Subsidiariamente, alegava que o interrogatório realizado seria nulo, pois não observado o art. 400 do CPP, na redação dada pela Lei 11.719/2008, mas sim o art. 302 do CPPM. No que se refere à questão da competência, o Colegiado assinalou que se trataria, na época do fato, de soldados da ativa. De acordo com o art. 124 da CF e com o art. 9º, I, "b", do CPM, a competência seria, de fato, da justiça militar. Por outro lado, o Tribunal entendeu ser mais condizente com o contraditório e a ampla defesa a aplicabilidade da nova redação do art. 400 do CPP ao

20 "Art. 302. O acusado será qualificado e interrogado num só ato, no lugar, dia e hora designados pelo juiz, após o recebimento da denúncia; e, se presente à instrução criminal ou preso, **antes de ouvidas as testemunhas**." (Brasil, 1969b, grifo nosso)

> processo penal militar. Precedentes com o mesmo fundamento apontam a incidência de dispositivos do CPP, quando mais favoráveis ao réu, no que diz respeito ao rito da Lei 8.038/1990. Além disso, na prática, a justiça militar já opera de acordo com o art. 400 do CPP. O mesmo também pode ser dito a respeito da justiça eleitoral. Entretanto, o Plenário ponderou ser mais recomendável frisar que a aplicação do art. 400 do CPP no âmbito da justiça castrense não incide para os casos em que já houvera interrogatório. Assim, para evitar possível quadro de instabilidade e revisão de casos julgados conforme regra estabelecida de acordo com o princípio da especialidade, a tese ora fixada deveria ser observada a partir da data de publicação da ata do julgamento. O Ministro Marco Aurélio, por sua vez, também denegou a ordem, mas ao fundamento de que a regra geral estabelecida no CPP não incidiria no processo penal militar. A aplicação subsidiária das regras contidas no CPP ao CPPM somente seria admissível na hipótese de lacuna deste diploma, e o CPPM apenas afasta a aplicação das regras nele contidas se houvesse tratado ou convenção a prever de forma diversa, o que não seria o caso. (Brasil, 2016b)

Outro ponto importante diz respeito à inquirição das testemunhas e ao interrogatório do acusado, que, segundo o disposto no art. 352, parágrafo 4º[21] e no art. 303, parágrafo único[22],

---

21 "§ 4º Após a prestação do depoimento, as partes poderão contestá-lo, no todo ou em parte, por intermédio do juiz, que mandará consignar a arguição e a resposta da testemunha, não permitindo, porém, réplica a essa resposta." (Brasil, 1969b)

22 "Art. 303. O interrogatório será feito, obrigatoriamente, pelo juiz, não sendo nele permitida a intervenção de qualquer outra pessoa. Parágrafo único. Findo o interrogatório, poderão as partes levantar questões de ordem, que o juiz resolverá de plano, fazendo-as consignar em ata com a respectiva solução, se assim lhe for requerido." (Brasil, 1969b)

do CPPM, deve proceder-se de forma indireta por intermédio do juiz.

Após a reforma do Código de Processo Penal comum, implementada por meio da Lei n. 11.690/2008[23], as inquirições de testemunha e do acusado passaram a ser feitas diretamente após as perguntas realizadas pelo juiz. Essa dinâmica está sendo experimentada nas Justiças Militares estaduais, tomando por base a Vara da Auditoria da Justiça Militar do Estado do Paraná. Contudo, optando o juiz federal ou de direito militar pelas regras no que tange ao modo de formulação de perguntas às testemunhas e ao acusado, nenhuma oposição poderá ser levada a cabo.

Outra diferença relevante reside na citação por edital do acusado que não comparece nem constitui advogado. O Código de Processo Penal comum, em seu art. 366, dispõe:

> Art. 366. Se o acusado, citado por edital, não comparecer, nem constituir advogado, ficarão suspensos o processo e o curso do prazo prescricional, podendo o juiz determinar a produção antecipada das provas consideradas urgentes e, se for o caso, decretar prisão preventiva, nos termos do disposto no art. 312. (Brasil, 1941)

Diferentemente, o CPPM, em seu art. 292 c/c art. 285, parágrafo 3º, determina que deve ser decretada a revelia ao acusado

---

23 "Art. 212. As perguntas serão formuladas pelas partes diretamente à testemunha, não admitindo o juiz aquelas que puderem induzir a resposta, não tiverem relação com a causa ou importarem na repetição de outra já respondida. (Redação dada pela Lei nº 11.690, de 2008)" (Brasil, 1941)

regularmente citado e que não compareceu, e o processo seguirá sem sua presença.

Como visto, o procedimento ordinário é a regra, portanto, provavelmente, será o procedimento mais recorrente que os profissionais se enveredarão no âmbito do ramo processual penal militar.

Nessa razão, por se tratar de procedimento extremamente peculiar, faremos a exposição de todos os atos procedimentais (processuais) de forma esquemática. Vejamos:

- Oferecimento da denúncia pelo Ministério Público Militar.
- O juiz federal militar ou de direito militar poderá recebê-la (art. 399 do CPPM), iniciando-se a ação penal militar, ou rejeitá-la (art. 78 do CPPM).
- Recebida a denúncia, o juiz:
  - » sorteará o Conselho Especial de Justiça, se for o caso, ou convocará o Conselho Permanente de Justiça (art. 399, alínea "a", do CPPM);
  - » designará local e hora para instalação do Conselho de Justiça (art. 399, alínea "b", do CPPM);
  - » mandará citar o acusado nos termos do art. 277 e seguintes do CPPM (art. 399, alínea "c" do CPPM); e
  - » determinará a intimação das testemunhas arroladas na denúncia e notificação do ofendido, se houver e for possível para acompanhar os atos (art. 399, alínea "d", do CPPM).

- Na data designada, perante o Conselho de Justiça:
  - » o acusado será interrogado pelo juiz nos termos dos arts. 303 e 306 do CPPM (art. 404 do CPPM);

    Obs.: o interrogatório do acusado passou a ser o último tal qual previsto no Código de Processo Penal comum, art. 400, por força de decisão do STF (no Habeas Corpus n. 127.900/AM;
  - » caso o acusado preso recuse-se a comparecer, será nomeado advogado, e o processo seguirá à sua revelia (arts. 411 a 413 do CPPM).
- Findo o interrogatório:
  - » nas 48 horas seguintes, a defesa poderá opor exceções de suspeição do juiz, procurador federal (ou promotor na Justiça Militar estadual) ou do escrivão; arguir incompetência do juízo; suscitar litispendência ou invocar coisa julgada. Todas essas arguições serão processadas na forma dos arts. 128 a 155 do CPPM (art. 407 do CPPM);
  - » quaisquer outras alegações serão recebidas como matéria de defesa a serem apreciadas no julgamento (parágrafo único, art. 407 do CPPM).
- Após essa deliberação, o juízo:
  - » designará audiência para oitiva das testemunhas de acusação (art. 415 do CPPM);

  - a inquirição das testemunhas, conforme disposição legal, ocorrerá no sistema presidencialista, com perguntas dirigidas ao juiz auditor ou juiz de direito militar (art. 418 do CPPM);

    Obs.: na prática, os juízos militares aderem ao sistema *cross examination* (perguntas realizadas diretamente às testemunhas) por analogia ao art. 212 do Código de Processo Penal comum.

- Encerrada a oitiva, caso o Ministério Público não tenha arrolado o número máximo de seis testemunhas (art. 77, "h", do CPPM):
  - o juiz auditor o indagará se está satisfeito com a prova oral produzida ou se deseja incluir outras testemunhas até limite legal (§ 2° do art. 417 do CPPM).
- Após a oitiva da última testemunha de acusação:
  - o juiz auditor intimará a defesa para apresentar o rol de até três testemunhas (e especificação de demais provas) em cinco dias (§ 2° do art. 417 do CPPM);

    Obs.: esse dispositivo não foi recepcionado pela CF de 1988, na medida em que fere o princípio da paridade de armas, da ampla defesa e do contraditório, de modo que a defesa poderá arrolar igual número de testemunhas que o Ministério Público indicou;
  - apresentado o rol, o juiz auditor designará audiência para oitiva das testemunhas de defesa.

- Após a oitiva da última testemunha de defesa, o juiz auditor intimará:
    - » pelo prazo de cinco dias com vista em cartório às partes, para apresentação de requerimentos de diligências.
    Obs.: vista em cartório refere-se a processos físicos sem a possibilidade de carga pelas defesas. Contudo, hodiernamente, os processos tramitam eletronicamente. Entretanto, a norma continua válida para eventuais processos que ainda tramitem fisicamente.
- Requeridas diligências, serão deliberadas e atendidas ou não pelo juiz auditor que, após cumprimento:
    - » intimará as partes para apresentação de alegações escritas no prazo de oito dias. Se houver assistente de acusação, se requerer, terá o prazo de cinco dias, após a apresentação das alegações escritas pelo Ministério Público (art. 428 do CPPM);
    - » se houver mais de cinco acusados com advogados diferentes, o prazo será comum de 12 dias correndo em cartório (§ 1º do art. 428 do CPPM);
    Obs.: destina-se a processos físicos. Nesses casos, tem-se entendido que todas as partes têm direito à carga do processo e à apresentação das alegações escritas pelo prazo de oito dias, garantindo que não haja a violação do princípio da paridade de armas e contraditório.

- Apresentados os memoriais escritos, o juiz auditor poderá ordenar diligência para sanar qualquer nulidade ou suprir falta prejudicial ao esclarecimento da verdade. Se achar o processo preparado, designará dia e hora para o julgamento (art. 430 do CPPM).
- Na sessão de julgamento (art. 431 do CPPM):
  - » serão lidas a denúncia, o exames e laudos periciais, o interrogatório do acusado e demais peças que forem requeridas pelas partes e deferidas pelo presidente do Conselho de Justiça (art. 432 do CPPM);
  - » em seguida, serão iniciadas as sustentações orais das partes iniciando pelo Ministério Público, depois o assistente e após a defesa (art. 433 do CPPM) pelo prazo de três horas para cada uma (§ 1º do art. 433 do CPPM);
  - » há previsão de réplica e tréplica, conferindo mais uma hora para o Ministério Público e para a defesa (§ 2º do art. 433 do CPPM), restando metade desse tempo ao assistente (§ 3º do art. 433 do CPPM).
- Concluídos os debates e resolvidas quaisquer questões de ordem, o Conselho de Justiça passará a deliberar em sessão secreta (art. 434 do CPPM).

  Obs.: a deliberação em sessão secreta não foi recepcionada pela CF de 1988, tendo em vista que todos os atos processuais serão públicos, podendo restringir-se a publicidade, sendo impreterível a presença da defesa, do acusado e do Ministério Público.

- A votação do Conselho de Justiça segue a seguinte ordem: o primeiro a votar é juiz auditor, depois os votos assumem ordem inversa de hierarquia, votando o de menor posto ao maior em sequência (ex.: tenente, capitão, major e coronel), declarando-se minimamente o resultado do julgamento na mesma sessão (art. 435 do CPPM).
- A sentença deve, necessariamente, ser inteiramente fundamentada, incluindo a fundamentação de eventual voto divergente, cuja leitura ocorrerá na própria sessão de julgamento, caso apta para tanto, ou em outra sessão a ser designada dentro do prazo de oito dias contados do encerramento da sessão que proclamou o resultado (art. 443 do CPPM).

Lida a sentença, caberão os recursos de embargos de declaração e de apelação, que serão a seguir analisados.

— 4.6.2 — Procedimento especial de deserção

O crime de deserção, como visto na Parte Especial do CPM, está previsto nos arts. 187, 188, incisos I e II, e 192 do CPM e consumam-se com o transcurso de oito dias de ausência de sua unidade militar ou do local onde houvesse de apresentar-se (falta ao serviço, fuga após cometimento de crime, não retorno à unidade após férias etc.).

O procedimento de deserção inicia-se com a lavratura do termo de deserção pelo comandante da unidade, autoridade correspondente ou autoridade superior (autoridade policial judiciária militar originária), após sua consumação. Portanto, transcorridos os oito dias de ausência, a autoridade policial judiciária militar lavrará o termo de deserção (art. 451[24] do CPPM).

O parágrafo 1º do art. 451[25] dispõe sobre o início do prazo da contagem do octídio (oito dias) para configuração da deserção. De modo a deixar claro, vejamos a tabela a seguir (2018, p. 412):

24 "Art. 451. **Consumado o crime de deserção**, nos casos previstos na lei penal militar, **o comandante da unidade, ou autoridade correspondente, ou ainda autoridade superior, fará lavrar o respectivo termo**, imediatamente, que poderá ser impresso ou datilografado, sendo por ele assinado e por duas testemunhas idôneas, além do militar incumbido da lavratura. (Redação dada pela Lei nº 8.236, de 20.9.1991)" (Brasil, 1969b, grifo nosso)

25 "§ 1º A contagem dos dias de ausência, para efeito da lavratura do termo de deserção, iniciar-se-á a zero hora do dia seguinte àquele em que for verificada a falta injustificada do militar. (Redação dada pela Lei nº 8.236, de 20.9.1991)" (Brasil, 1969b)

Tabela 4.1 – Contagem da ausência ilegal até consumar-se a deserção

Data 1 jan.	Data 2 jan. 00h	Data 3 jan. 00h	Data 4 jan.	Data 5 jan.	Data 6 jan.	Data 7 jan.	Data 8 jan.	Data 9 jan.	Data 10 jan. 00h
Início do serviço do militar faltoso	Início da contagem da ausência ilegal	Elaboração da parte de ausência ilegal	Elaboração dos inventários da Fazenda Pública dos bens particulares do ausente	Diligências constadas em despacho do Comandante para encontrar o ausente					Parte de deserção e termo de deserção
Diligências entendidas como necessárias pelas autoridades superiores ao ausente para encontrá-lo nesse período									

Fonte: Neves, 2018, p. 412.

Com a lavratura do termo de deserção, que tem caráter de instrução provisória e destina-se a fornecer os elementos necessários à propositura da ação penal, nos termos do art. 452[26] e em consonância com o art. 243 (prisão em flagrante delito), ambos do CPPM, o desertor estará sujeito a prisão desde logo.

O prazo para julgamento do desertor é de 60 dias, a contar do dia de sua apresentação voluntária ou captura. Transcorrido esse prazo sem julgamento, será colocado em liberdade caso não tendo dado causa ao retardamento do processo (art. 453 do CPPM[27]).

Contudo, haverá pequena distinção entre os procedimentos que visam à responsabilização criminal de praças (com ou sem graduação e especial) e de oficiais pelo cometimento do crime de deserção. Vejamos.

Procedimento de responsabilização criminal de oficiais (arts. 454 e 455 do CPPM):

- Consumado o crime de deserção, o comandante da unidade, ou autoridade corresponde ou superior, lavrará termo de deserção circunstanciadamente e publicará, em boletim ou documento equivalente, o termo de deserção, fazendo-se acompanhar da parte de ausência (art. 454 do CPPM).

---

26 "Art. 452. O termo de deserção tem o caráter de instrução provisória e destina-se a fornecer os elementos necessários à propositura da ação penal, sujeitando, desde logo, o desertor à prisão. (Redação dada pela Lei nº 8.236, de 20.9.1991)" (Brasil, 1969b)

27 "Art. 453. O desertor que **não for julgado dentro de sessenta dias, a contar do dia de sua apresentação voluntária ou captura, será posto em liberdade**, salvo se tiver dado causa ao retardamento do processo. (Redação dada pela Lei nº 8.236, de 20.9.1991)" (Brasil, 1969b, grifo nosso)

- O militar, mesmo que se apresente ou seja capturado, será agregado[28] até o trânsito em julgado (§ 1º do art. 454 do CPPM).
- Após a publicação, a autoridade militar encaminhará o termo de deserção e demais documentos à Justiça Militar (União ou estados), que o autuará e abrirá vistas ao procurador (Ministério Público) pelo prazo de cinco dias para requerer o que for de direito, arquivar ou promover a denúncia (§§ 2º e 3º do art. 454 do CPPM).
- Recebida a denúncia, o juiz auditor aguardará a captura ou a apresentação do oficial (§ 4º do art. 454 do CPPM).
- Capturado ou se apresentando o oficial, a autoridade militar comunicar de imediato ao juízo, que sorteará ou convocará o Conselho Especial de Justiça e determinará sua citação (art. 455 do CPPM).
- Em uma só sessão de julgamento, o Conselho Especial de Justiça pelo presidente:
  - » determinará a leitura da denúncia;
  - » interrogará o acusado;

    Obs.: o interrogatório do acusado passou a ser o último tal qual previsto no Código Penal Processual comum, art. 400, por força de decisão do STF (HC n. 127.900/AM);
  - » ouvirá eventuais testemunhas de acusação arroladas na denúncia.

---

28 Conceito de *agregado*: "É a situação transitória, na qual o militar da ativa deixa de ocupar vaga na escala hierárquica de seu corpo, quadro, arma ou serviço, nela permanecendo sem número" (Abreu, 2015, p. 473)

  - » ouvida a última testemunha, se houver, a defesa poderá apresentar prova documental e arrolar testemunhas (até seis, em homenagem ao princípio da paridade de armas), dentro do prazo de três dias;
  - » apresentado o rol de testemunhas pela defesa, serão ouvidas em nova sessão em cinco dias prorrogáveis por mais cinco dias, ouvido o Ministério Público (§ 1º do art. 455 do CPPM);
  - » ao final, portanto, interrogará o acusado.
- Ao final do interrogatório, o presidente abrirá a palavra às partes para sustentação oral de 30 minutos:
  - » há previsão de réplica e tréplica de 15 minutos;
  - » após, julgamento nos moldes do procedimento ordinário (§ 2º do art. 455 do CPPM);
  - » valem aqui os mesmos comentários feitos sobre a leitura da sentença, explicada no procedimento ordinário.

Procedimento de responsabilização criminal de praças (arts. 456 e 457 do CPPM):

- Consumada a deserção, haverá a exclusão do serviço ativo da praça especial e da praça sem estabilidade e a agregação da praça estável, e a autoridade militar fará publicação, em boletim ou documento equivalente, do termo de deserção, remetendo-se, em seguida, os autos à auditoria competente (§ 4º do art. 456 do CPPM).
- Após a publicação de todas as situações (deserção, exclusão do serviço ativo ou agregação), a autoridade militar

encaminhará o termo de deserção e demais documentos à Justiça Militar (União ou estados), que o autuará e abrirá vistas ao procurador (Ministério Público) pelo prazo de cinco dias para requerer o que for de direito, mas não poderá promover a denúncia, devendo aguardar a captura ou apresentação do indiciado (art. 457 do CPPM):

» sendo capturado ou se apresentando, a praça sem estabilidade passará por inspeção de saúde e se julgada apto ao serviço militar, será reincluída (§ 1° do art. 457 do CPPM);
» caso seja reconhecida sua incapacidade definitiva de reinclusão ao serviço militar, a ata da inspeção de saúde será remetida ao juízo, para que seja o desertor sem estabilidade isento da reinclusão e do processo, sendo os autos arquivados, após o pronunciamento do representante do Ministério Público Militar (§ 2° do art. 457 do CPPM);
» reincluída a praça especial ou a praça sem estabilidade, ou procedida a reversão da praça estável, a autoridade militar comunicará o juízo militar competente, que juntará os documentos aos autos e abrirá vistas ao Ministério Púbico por cinco dias para requerer o que for de direito, o arquivamento ou oferecer a denúncia (§ 3° do art. 457 do CPPM);

  Obs.: o STM, por meio da Súmula n. 12, entendeu que "A praça sem estabilidade não pode ser denunciada por deserção sem ter readquirido o *status* de militar, condição de procedibilidade para a persecutio criminis, através da reinclusão. Para a praça estável, a condição de procedibilidade é a reversão ao serviço ativo" (Brasil, 2020c).

Obs.: o STF posiciona-se no sentido de que a perda da condição de militar é causa de extinção de punibilidade (HC n. 103.254/PR).

- Recebida a denúncia, o juiz auditor determinará a citação do acusado e designará sessão de julgamento perante o Conselho Permanente de Justiça (§ 4° do art. 457 do CPPM).
- Em uma só sessão de julgamento, o Conselho Especial de Justiça pelo presidente:
  - » determinará a leitura da denúncia;
  - » interrogará o acusado;

    Obs.: o interrogatório do acusado passou a ser o último tal qual previsto no Código de Processo Penal comum, art. 400, por força de decisão do STF (HC n. 127.900/AM);
  - » ouvirá eventuais testemunhas de acusação arroladas na denúncia;
  - » ouvida a última testemunha, se houver, a defesa poderá apresentar prova documental e arrolar testemunhas (até seis, em homenagem ao princípio da paridade de armas) dentro do prazo de três dias;
  - » apresentado o rol de testemunhas pela defesa, serão ouvidas em nova sessão em cinco dias prorrogáveis por mais cinco dias, ouvido o Ministério Público (§ 4° do art. 457 do CPPM);
  - » ao final, portanto, interrogará o acusado.

- Ao final do interrogatório, o presidente abrirá a palavra às partes para sustentação oral de 30 minutos:
  - » há previsão de réplica e tréplica de 15 minutos;
  - » após, julgamento nos moldes do procedimento ordinário (§ 2º do art. 455 do CPPM);
  - » valem aqui os mesmos comentários feitos sobre a leitura da sentença, explicada no procedimento ordinário.

— 4.6.3 —
Procedimento especial de insubmissão

O crime de insubmissão está previsto no art. 183 do CPM e consiste na conduta de "deixar de apresentar-se ao serviço militar para o qual foi convocado (chamado sob ordem) ou caso se apresenta, se retire do serviço militar antes de oficializada sua incorporação" (Nucci, 2014, p. 286-287).

Lembremos que se trata de crime militar impróprio cometido por civil contra o serviço e o dever militar, que ocorre somente no âmbito das Forças Armadas, em razão do serviço militar obrigatório.

Vejamos o procedimento especial de insubmissão, que tem seu regramento previsto nos arts. 463 a 465 do CPPM:

- Consumado o crime de insubmissão, o comandante da unidade, autoridade correspondente ou autoridade superior lavrará termo de insubmissão e demais documentos, em caráter de instrução provisória, destina-se a fornecer os elementos necessários à propositura da ação penal e é o instrumento legal autorizador da captura do insubmisso, para efeito da incorporação (art. 463 e § 1º do CPPM).

- A autoridade militar que tiver lavrado o termo e demais documentos remeterá, juntamente a documento hábil a demonstrar o real conhecimento do insubmisso da data e do local que deveria apresentar-se ao serviço militar, ao juízo militar que autuará e abrirá vistas ao Ministério Público para requerer o que for de direito, mas não poderá oferecer a denúncia, devendo aguardar a captura ou a apresentação do indiciado (§§ 2º e 3º do art. 463 do CPPM e Súmula n. 7[29] do STM).
- Apresentando-se ou sendo capturado, será submetido à inspeção de saúde e, estando apto, será reincluído ao serviço militar ativo e terá direito à menagem no quartel. Se reputado incapaz ao serviço militar, ficará isento de inclusão e do processo (art. 464 do CPPM):
  - » caso o insubmisso seja reputado inapto pela inspeção de saúde, a ata deverá ser remetida pelo Comandante ao Juízo Militar da União prevento, com urgência, o qual abrirá vistas ao Ministério Público por cinco dias, que emitirá parecer e, verificada a incapacidade, será arquivado (§ 1º do art. 464 do CPPM).

---

29 Súmula n. 7 do STM: "O crime de insubmissão, capitulado no art. 183 do CPM, caracteriza-se quando provado de maneira inconteste o conhecimento pelo conscrito da data e local de sua apresentação para incorporação, através de documento hábil constante dos autos. A confissão do indigitado insubmisso deverá ser considerada no quadro do conjunto probatório" (Brasil, 2020b).

- Apto e reincluído, esse ato será remetido ao juízo militar prevento com urgência (que recebeu o termo de insubmissão), abrindo-se vista ao Ministério Público por cinco dias, que requererá o que for de direito, o arquivamento ou promoverá a denúncia (§ 2º do art. 464 do CPPM):
    - » não sendo julgado o insubmisso em 60 dias a partir de sua captura ou apresentação, será colocado em liberdade (§ 3º do art. 464 do CPPM).

      Obs.: dispõe o art. 465 do CPPM: "Aplica-se ao processo de insubmissão, para sua instrução e julgamento, o disposto para o processo de deserção, previsto nos §§ 4º, 5º, 6º e 7º do art. 457 deste código" (Brasil, 1969b).
- Recebida a denúncia, o juiz auditor determinará a citação do acusado e designará sessão de julgamento perante o Conselho Permanente de Justiça (§ 4º do art. 457 do CPPM).
- Em uma só sessão de julgamento, o Conselho Especial de Justiça pelo presidente:
    - » determinará a leitura da denúncia:
    - » interrogará o acusado;

      Obs.: o interrogatório do acusado passou a ser o último tal qual previsto no Código de Processo Penal comum, art. 400, por força de decisão do STF (HC n. 127.900/AM);
    - » ouvirá eventuais testemunhas de acusação arroladas na denúncia;
    - » ouvida a última testemunha se houver, a defesa poderá apresentar prova documental e arrolar testemunhas (até

seis, em homenagem ao princípio da paridade de armas) dentro do prazo de três dias;
   » apresentado o rol de testemunhas pela defesa, serão ouvidas em nova sessão em cinco dias prorrogáveis por mais cinco dias, ouvido o Ministério Público (§ 4° do art. 457 do CPPM);
   » ao final, portanto, interrogará o acusado.
- Ao final do interrogatório, o presidente abrirá a palavra às partes para sustentação oral de 30 minutos:
   » há previsão de réplica e tréplica de 15 minutos;
   » após, julgamento nos moldes do procedimento ordinário (§ 2° do art. 455 do CPPM);
   » valem aqui os mesmos comentários feitos sobre a leitura da sentença, explicada no procedimento ordinário;
   » não sendo julgado o insubmisso em 60 dias a partir de sua captura ou apresentação, será colocado em liberdade (§ 3° do art. 464 do CPPM);

   Obs.: dispõe o art. 465 do CPPM: "Aplica-se ao processo de insubmissão, para sua instrução e julgamento, o disposto para o processo de deserção, previsto nos §§ 4°, 5°, 6° e 7° do art. 457 deste código" (Brasil, 1969b).
- Recebida a denúncia, o juiz auditor determinará a citação do acusado e designará sessão de julgamento perante o Conselho Permanente de Justiça (§ 4° do art. 457 do CPPM).
- Em uma só sessão de julgamento, o Conselho Especial de Justiça pelo presidente:
   » determinará a leitura da denúncia:

   » interrogará o acusado;

     Obs.: o interrogatório do acusado passou a ser o último tal qual previsto no Código de Processo Penal comum, art. 400, por força de decisão do STF (HC n. 127.900/AM);

   » ouvirá eventuais testemunhas de acusação arroladas na denúncia;
   » ouvida a última testemunha, se houver, a defesa poderá apresentar prova documental e arrolar testemunhas (até seis, em homenagem ao princípio da paridade de armas) dentro do prazo de três dias;
   » apresentado o rol de testemunhas pela defesa, serão ouvidas em nova sessão em cinco dias prorrogáveis por mais cinco dias, ouvido o Ministério Público (§ 4° do art. 457 do CPPM);
   » ao final, portanto, interrogará o acusado.

- Ao final do interrogatório, o presidente abrirá a palavra às partes para sustentação oral de 30 minutos:
   » há previsão de réplica e tréplica de 15 minutos;
   » após, julgamento nos moldes do procedimento ordinário (§ 2° do art. 455 do CPPM);
   » Valem aqui os mesmos comentários feitos sobre a leitura da sentença, explicada no procedimento ordinário.

Encerrada a análise dos procedimentos constantes do CPPM, analisaremos, a seguir, os recursos em espécie.

— 4.7 —
Recursos em espécie

Primeiramente, é importante destacar que a sistemática recursal do processo penal militar tem semelhanças com a do processo penal comum, contudo, com inúmeras peculiaridades, a iniciar pela contagem dos prazos recursais.

O CPPM prevê os seguintes recursos: recurso em sentido estrito, apelação, embargos (infringentes, declaratórios e de nulidade). Ainda, há previsão e regramento relativos ao recurso extraordinário cabível das decisões de segunda instância no âmbito da Justiça Militar da União e recursos inominados (arts. 145, 146, 192, 193 194, 203, § 1º, 210, § 1º). Há também regramento de ações autônomas de revisão criminal e *habeas corpus*.

Contudo, por já haverem sido estudados referidos recursos e ações autônomas no processo penal comum, analisaremos, em linhas gerais, as características específicas dos recursos em sentido estrito, de apelação e de embargos de declaração no âmbito processual penal militar.

— 4.7.1 —
Recurso em sentido estrito

O recurso em sentido estrito está previsto nos arts. 516 ao 525 do CPPM. Seu cabimento tem rol taxativo previsto no art. 516, alíneas “a” e “q” do CPPM.

O prazo para interposição é de três dias (art. 518 do CPPM), contados da ciência da decisão proferida pelo juiz, auditor ou Conselho de Justiça, no exercício de suas atribuições.

O prazo para apresentação das razões recursais é de cinco dias (art. 519 do CPPM).

O prazo de três dias para interposição do recurso de apelação passa a fruir na data da intimação da decisão, da publicação ou da leitura pública em audiência na presença das partes – Ministério Público e réu(s) – e do(s) defensor(es), indicando o recorrente, se for o caso, as peças que pretende sejam trasladadas à instância superior a fim de instruir o recurso.

O translado das peças será providenciado no prazo de dez dias pela escrivania/secretaria do juízo, prorrogáveis pelo mesmo prazo pelo juízo, e será dada vistas ao recorrente para apresentação das razões do recurso dentro de cinco dias, contados da vista dos autos, sendo, na sequência, dada vistas à parte recorrida pelo mesmo prazo.

Apresentadas as contrarrazões, o Conselho de Justiça ou o juiz militar monocraticamente, a depender do caso, poderão reformar a decisão (juízo de retratação) ou, se mantida, encaminhará os autos à instância superior no prazo de cinco dias.

Caso haja reforma da decisão, a parte prejudicada poderá, se cabível recurso em razão da natureza, dela recorrer mediante simples petição nos autos, que subirão à instância superior imediatamente.

— 4.7.2 —

Recurso de apelação

O recurso de apelação está previsto nos arts. 526 a 537 do CPPM. Não sendo hipótese de cabimento de recurso em sentido estrito, nos demais casos caberá apelação se preenchidos os requisitos.

Seu cabimento é previsto no art. 526 do CPPM.

O prazo para interposição é de cinco dias contados da data da intimação da sentença ou de sua leitura em pública audiência, na presença das partes ou de seus procuradores (art. 529 do CPPM).

O prazo para apresentação das razões recursais é de dez dias (art. 531 do CPPM).

O art. 527 do CPPM dispõe que "O réu não poderá apelar sem recolher-se à prisão, salvo se primário e de bons antecedentes, reconhecidas tais circunstâncias na sentença condenatória", e o art. 528 do mesmo código estabelece que "Será sobrestado o recurso se, depois de haver apelado, fugir o réu da prisão" (Brasil, 1969b). Ressaltamos, contudo, que essas disposições foram revogadas no Código de Processo Penal comum, que foi alterado pelas leis n. 11.719/2008 e n. 12.403/2011.

Não obstante, o STF (HC n. 103.986/SP; HC n. 84.495/SP; HC n. 98.987 QO/RS) já se manifestou pela inconstitucionalidade dessas exigências em diversas oportunidades.

O prazo de cinco dias para interposição do recurso de apelação passa a fruir na data da intimação da decisão ou da leitura pública em audiência na presença das partes – Ministério Público e réu(s) – e do(s) defensor(es).

Após recebimento da apelação pelo juízo militar, ao apelante e ao apelado será aberto vistas para, sucessivamente, apresentação das razões recursais no prazo de dez dias, o qual passará, igualmente, a fruir a partir da intimação. Se houver assistente de acusação, este poderá apresentar razões ou contrarrazões no prazo de três dias após o Ministério Público.

Existindo dois ou mais apelantes ou apelados, os prazos para interposição da apelação ou para apresentação das razões recursais serão comuns. Portanto, fruem juntos para todos.

Recebidas as razões recursais, o juízo militar encaminhará os autos aos Tribunais de Justiça Militares (RS, SP e MG) ou Tribunais de Justiça estaduais (demais unidades federativas) se competência da Justiça Militar Estadual, ou para o STM caso a competência seja da Justiça Militar da União.

— 4.7.3 —
Embargos de declaração

Os embargos de declaração estão previstos juntamente aos embargos infringente e de nulidades (nos arts. 538 a 549 do CPPM), mais especificamente no art. 542 do CPPM.

Caberá a interposição de embargos de declaração nos casos em que a decisão for ambígua, obscura, contraditória ou omissa.

O prazo para interposição é de cinco dias, contados da data da intimação da decisão.

Vale salientar que o CPPM não previu possibilidade de interposição de embargos declaratórios perante os Conselhos de Justiça na primeira instância da Justiça Militar, todavia, tanto a doutrina quanto a jurisprudência têm acatado oposição com base no art. 382 do Código de Processo Penal comum, por analogia, fundamentando-se no art. 3º, alínea "a", do CPPM: "Os casos omissos neste Código serão supridos: a) pela legislação de processo penal comum, quando aplicável ao caso concreto e sem prejuízo da índole do processo penal militar" (Brasil, 1969b).

O prazo para sua oposição é de cinco dias, fruídos da data da intimação da decisão ou da leitura pública em audiência na presença das partes – Ministério Público e réu(s) – e do(s) defensor(es) e será direcionado ao juiz federal (no caso de Justiça Militar da União) ou ao juiz de direito militar (no casa de Justiça Militar estadual) ou, ainda, ao relator, caso seja apresentado em segunda instância, e serão julgados na sessão seguinte.

Vistos os recursos mais usuais no âmbito do processo penal militar, encerramos este capítulo, que tratou em sentido amplo do ramo processual penal militar, entendendo que foram abordados os temas de maior relevância e que serão suficientes para guiar o leitor tanto para um aprofundamento dos estudos quanto para uma segura atuação prática.

Capítulo 5

Ramo administrativo militar

O ramo administrativo militar é um sub-ramo do direito administrativo, que estuda as relações entre a Administração Pública Militar e seus integrantes, bem como a atuação dos órgãos militares, agentes e servidores militares, voltadas ao cumprimento dos fins que lhe são atribuídos constitucionalmente. Para fins de estudo, não abordaremos as atividades estatais legislativas, judiciais e de ações sociais.

Esse sub-ramo apresenta estreitas relações com diversos outros ramos do direito, como o constitucional, o penal militar, o processual penal miliar e o eleitoral.

As **fontes** de ramo administrativo militar são:

- lei: assim entendida em sentido amplo, sendo uma "regra abstrata, geral e impessoal" (Abreu, 2015, p. 44), que engloba a Constituição Federal (CF) de 1988, as leis complementares, as leis ordinárias, os decretos, entre outros;
- jurisprudência: que consiste em um conjunto de decisões proferidas sobre um mesmo tema de forma reiterada;
- costumes: que consistem na norma não escrita, ou seja, no conjunto de práticas reiteradas em uma comunidade, desde que não seja praticado contra a lei;
- princípios gerais do direito: que são os princípios que se encontram na base de toda a legislação.

— 5.1 —
Princípios aplicáveis

Os princípios são enunciações normativas genéricas que orientam a interpretação e a aplicação das demais normas do ordenamento jurídico, além de dar coerência ao sistema jurídico como um todo.

Salientamos que nem todos os princípios encontram-se positivados. Alguns deles partem da interpretação de todo o sistema e são considerados pela doutrina e pela jurisprudência como plenamente aplicáveis, conforme veremos adiante.

A Administração Pública Militar, como regra, deverá observar os mesmos princípios que regem a Administração Pública em geral. Ocorre que, em virtude das particularidades da atividade castrense, não é coerente com todo o regramento dessa atividade que se exija ou que se apliquem alguns princípios que são evidentemente incompatíveis com a natureza do serviço militar.

Assim, entende-se, majoritariamente, que são princípios aplicáveis à Administração Pública Militar: legalidade, impessoalidade, moralidade, publicidade, eficiência, supremacia do interesse público, presunção de legitimidade e veracidade, autotutela continuidade do serviço público, motivação, razoabilidade e proporcionalidade, segurança jurídica, boa-fé e hierarquia.

O princípio da **legalidade** diz respeito, em suma, ao fato de que a vontade, bem como os atos praticados pela Administração Pública, decorre tão somente da lei (assim entendida no sentido amplo). Não é admitido praticar um ato administrativo sem prévio suporte legal, sob pena de nulidade do ato e de o agente responder por improbidade administrativa. No caso específico da Administração Pública Militar, se um ato for praticado fora dos limites da lei, além dessas consequências, também poderá responder o agente pela violação de preceito de ética militar, previsto no art. 28, inciso IV, da Lei n. 6.880, de 9 de dezembro de 1980 (Brasil, 1980), bem como incorrer em transgressão militar ou crime militar, previstos, respectivamente, no art. 42 da Lei n. 6.880/1980 e no art. 324 do Código Penal Militar (CPM) – Decreto-Lei n. 1.001, de 21 de outubro de 1969 (Brasil, 1969a).

O princípio da **impessoalidade**, por sua vez, concretiza-se por meio de duas vertentes: uma no sentido de que a Administração não pode agir com o intuito de favorecer ou prejudicar alguém com os seus atos; a segunda na perspectiva de vedar a promoção pessoal de seus agentes.

O princípio da **moralidade** exige tanto do administrador quanto daqueles com quem com ele se relacione a adoção de condutas que se coadunem com as regras da boa administração, da justiça, da equidade e da honestidade.

Pelos ditames do princípio da **publicidade**, em regra, aos atos administrativos deve ser dada ampla divulgação, com fim de garantir o controle do ato e o atendimento do regramento a ele aplicável. A publicidade pode ser restringida aos atos praticados pela Administração Pública Militar na hipótese de o sigilo ser imprescindível à segurança da sociedade e do Estado.

Ainda, os atos praticados pela Administração Pública Militar devem ser revestidos de **eficiência**, tanto no aperfeiçoamento da estrutura organizacional do Estado quanto na utilização materiais e na qualificação de seus agentes.

Por meio do princípio da **supremacia do interesse público** o legislador confere à Administração determinados poderes e prerrogativas, com o fim de atender ao interesse de toda a coletividade em prol do interesse particular. Por coerência, tais atos não são realizados de forma irrestrita, devendo sempre se ater aos direitos e garantias fundamentais.

Os atos praticados pela Administração Militar são revestidos de **presunção de legitimidade e veracidade**, isto é, em consequência lógica do necessário atendimento ao princípio da legalidade, ora estudado, presume-se que os atos administrativos estão em consonância com o que dita a legislação, desde que se prove o contrário (a presunção é, portanto, *juris tantum*).

À Administração Pública Militar é conferido o poder/dever de **autotutela**, de modo que deve anular os atos ilegais ou revogar aqueles inconvenientes e inoportunos, respeitado o direito adquirido, podendo, a qualquer momento, ser reapreciado pelo Poder Judiciário (apesar de não existir a necessidade de sua chancela prévia para sua prática).

Com o fim de assegurar a regularidade na prestação dos serviços públicos essenciais à sociedade, consagrou-se o princípio da **continuidade do serviço público**, que gera, por exemplo, a impossibilidade de greve nesses serviços (ou sua possibilidade desde que nos limites de lei específica, conforme art. 37, inciso VII, da CF de 1988), a impossibilidade de quem contrata com a Administração de invocar a exceção de contrato não cumprido em serviços que envolvam serviço público, entre outros.

Importante observação se faz necessária, neste tópico, sobre a proibição de greve na Administração Militar. Em razão do relevante serviço de defesa prestado pelas Forças Armadas, em especial, a CF de 1988 vedou expressamente, em seus arts. 42, parágrafo 1º, e 142, parágrafo 3º, inciso IV, o direito à greve.

Continuando, segundo Jorge Luiz Nogueira de Abreu (2015, p. 59), pelo princípio da **motivação**, "a Administração deve expor os fundamentos de fato e de direito da decisão administrativa", para que se possa aferir a justiça da decisão administrativa e aferir a legalidade do ato praticado.

Os atos devem, também, atender aos princípios da **razoabilidade e proporcionalidade**. Portanto, devem ser atos razoáveis, na medida em que deve existir uma correspondência lógica entre o fato e o ato. E proporcionais, com a exigência de que os meios utilizados pela Administração sejam adequados para atingir o fim que se pretende alcançar.

Quanto à **segurança jurídica** dos atos, prescreve o art. 2º, inciso XIII, da Lei n. 9.784, de 29 de janeiro de 1999 (Brasil, 1999a)[1] que, sendo conferida nova interpretação à determinada norma e havendo a formação de novo entendimento, este não retroagirá para atingir o que já fora praticado.

1 A Lei n. 9.784/1999 regula o processo administrativo no âmbito da Administração Pública Federal.

Tanto o administrador quanto o administrado devem agir em conformidade com o princípio da **boa-fé**, ou seja, entre eles deve existir uma necessária relação de confiança, pautada na lealdade, na probidade, na honestidade e na moralidade.

Por fim, por meio do princípio da **hierarquia**, os superiores hierárquicos podem rever atos de seus subordinados, bem como delegar ou até mesmo avocar funções, dar ordens, punir e resolver conflitos. Na Administração Militar, esse princípio é evidente, eis que necessário para a manutenção das próprias instituições militares.

— 5.2 — Poderes da Administração Pública Militar

Como dito anteriormente, à Administração Pública são conferidos poderes inerentes para que possa executar o princípio da supremacia do interesse público, bem como realizar as atividades que lhe são atribuídas por lei. Tais poderes podem ser classificados como regulamentar, normativo, hierárquico, disciplinar, vinculado, discricionário e de polícia.

O poder **regulamentar** é, em apertada síntese, aquele exercido pelo chefe do Poder Executivo, por meio da expedição de regulamento executivo, com o intuito de explicitar o teor das leis, quando necessário, e independentes, podendo dispor sobre matérias de sua competência. Importante mencionar que o ato nunca poderá exceder a função executiva e invadir a competência legislativa formal, além da necessidade de interpretar dentro das fronteiras da lei.

O poder **normativo**, por sua vez, materializa-se na edição de, por exemplo, resoluções, portarias, regimentos e instruções, expedidas por autoridades e que só alcança o órgão que a editou. Em atenção ao princípio da legalidade, só poderá ter como conteúdo aquilo que a lei prever, não podendo criar nem extinguir direitos, por exemplo.

Em decorrência do princípio da hierarquia, também já analisado anteriormente, surge o necessário poder correspondente para a execução: o poder **hierárquico**. Através dele, o superior poderá dar ordens, controlar o serviço dos subalternos, anular atos ilegais ou revogar os inconvenientes ou inoportunos, editar atos normativos (aqueles dentro da atribuição do poder normativo), bem como avocar ou delegar funções de competência não exclusiva, cabendo ao subordinado o dever de obediência.

O poder **disciplinar**, por sua vez, decorre do poder hierárquico e consiste no poder dado ao superior de apurar infrações disciplinares e aplicar a punição correspondente. Esse poder, apesar de discricionário, não permite que a autoridade escolha entre apurar ou não, bem como em aplicar sanção ou não. Inclusive, se a autoridade assim agir, incorrerá no crime militar tipificado no art. 322 do CPM[2].

---

2 "Art. 322. Deixar de responsabilizar subordinado que comete infração no exercício do cargo, ou, quando lhe falte competência, não levar o fato ao conhecimento da autoridade competente: Pena – se o fato foi praticado por indulgência, detenção até seis meses; se por negligência, detenção até três meses". (Brasil, 1969a)

Ainda, existem os poderes vinculado e discricionário. Um poder é **vinculado** quando a legislação já determina qual é o único comportamento que o administrador poderá adotar em determinadas situações, como, por exemplo, a transferência para a reserva remunerada de militar que atingir a idade-limite prevista no art. 98, inciso I, da Lei n. 6.880/1980. Por outro lado, um poder é **discricionário** quando a legislação confere margem de atuação ao administrador, optando por escolher a conduta mais oportuna ou conveniente.

Por fim, e o que mais merece atenção ao estudioso do ramo administrativo militar, há o **poder de polícia**. Esse poder confere ao administrador público a imposição de limites ao exercício de direitos e liberdades individuais dos cidadãos, em vistas do interesse de toda a coletividade. O poder de polícia, por óbvio, tem como fundamento o princípio da supremacia do interesse público e pode ser manifestado por meio das formas escritas e verbais, bem como pelas simbologias.

O poder de polícia ter como características (a) a discricionariedade, no sentido de o administrador poder optar pelos meios empregados e as sanções aplicáveis, dentro das estabelecidas em lei; (b) a autoexecutoriedade, permitindo que a Administração Pública execute as medidas que entenda adequadas sem necessidade de intermédio de outros poderes; e (c) a coercibilidade, que gera a necessária observância por parte dos administrados. Contudo, não pode ser exercido de forma desmedida, isto é, tem claros limites impostos para a sua atuação.

Dessa forma, o poder de polícia deve observar os seguintes princípios: legalidade, moralidade, impessoalidade, proporcionalidade entre a sanção e a conduta danosa cometida, motivação e devido processo legal. Todos esses princípios dizem respeito não somente ao ramo administrativo militar, mas também ao ramo processual penal militar e ao próprio ramo penal militar, o que reforça a ideia da correlação entre as áreas.

O administrador poderá aplicar as **sanções** aos administrados, como espécie de medida punitiva pela conduta praticada. Importante atentar ao fato de que as sanções aqui discutidas não são aquelas decorrentes do poder disciplinar nem da prática de ilícitos penais, as quais são atribuídas pelo ramo penal militar. Podemos citar como exemplo dessas sanções a aplicação de multas, a apreensão de bens, a proibição de fabricação de bens, a destruição de mercadorias, a demolição de edificações ou os embargos administrativos em obras.

Salientamos que as Forças Armadas, portanto, exercem o poder de polícia (tanto no campo administrativo militar quanto no judiciário militar). No âmbito administrativo, que é o que nos interessa aqui, as Forças Armadas, no cumprimento de suas funções constitucionais, impõem aos administrados condutas com o intuito de manter uma convivência harmoniosa na comunidade.

A título exemplificativo, a Aeronáutica é responsável por realizar o controle do espaço aéreo; ao Exército cabe a fiscalização da produção de armas de fogo; à Marinha cabe promover a segurança da navegação aquaviária.

Finalizando, conforme prescreve o art. 1º da Lei n. 9.873, de 23 de novembro de 1999[3] (Brasil, 1999b), prescreve em cinco anos a pretensão punitiva da Administração Pública (inclusive a militar), no sentido de apurar infrações e aplicar sanções, contados da data da prática do ato ou, sendo continuado, de seu término.

— 5.3 —

Ato administrativo militar

Segundo conceitua Farlei Martins de Oliveira (2005, p. 89), considera-se *ato administrativo militar* todo aquele exarado pela Administração Militar, que, no exercício de suas atribuições, "tem por fim imediato modificar, adquirir, resguardar, transferir e extinguir situação jurídica ou impor obrigações em relação aos militares ou aos próprios órgãos dela integrantes".

Portanto, excluem-se do campo do ato administrativo militar os contratos administrados e os fatos administrativos.

Os atos administrativos militares podem ser divididos em típicos ou atípicos.

Quanto aos atos **atípicos**, estes se confundem com atos praticados pela administração geral e, por essa razão, não serão objetos de abordagem. No entanto, a título exemplificativo, são atos genéricos aplicados pela Administração Militar: (a) aplicação, em

---

3 "Art. 1º. Prescreve em cinco anos a ação punitiva da Administração Pública Federal, direta e indireta, no exercício do poder de polícia, objetivando apurar infração à legislação em vigor, contados da data da prática do ato ou, no caso de infração permanente ou continuada, do dia em que tiver cessado". (Brasil, 1999b)

processos licitatórios, de penalidades de advertência ou multa, na forma prevista na Lei n. 8.666/1993; e (b) nomeação, demissão, punição de servidor público civil pertencente aos quadros de pessoal civil das Forças Armadas e Auxilires (Abreu, 2015).

Por sua vez, os atos **típicos** são os que dizem respeito estritamente à atividade militar e podem ser classificados em:

- federais, estaduais ou distritais, a depender do ente federativo de que emanou o ato;
- gerais ou individuais, quando aos destinatários, sendo gerais aqueles que atingem todo um grupo de militares, em determinada situação, e individuais aqueles que atingem somente um destinatário, individualizado;
- vinculados, se decorrem do poder vinculado; ou discricionários, se decorrem do poder discricionário;
- simples, complexos ou compostos, a depender da formação da vontade. São simples aqueles que decorrem da declaração de vontade de somente um órgão; são complexos aqueles que são formados pela união de dois ou mais órgãos, para a formação de um único ato; são compostos aqueles que emanam de um único órgão, mas dependem da ratificação de outro;
- constitutivos ou declaratórios, sendo os primeiros aqueles que criam, modificam ou extinguem situações jurídicas, e os segundos são aqueles que apenas reconhecem a existência de uma situação preexistente.

São **atributos** do ato administrativo: (a) a presunção de legitimidade e veracidade, no sentido de serem dotados de fé pública;

(b) a imperatividade, por serem compulsórios para o administrado[4]; (c) a autoexecutoriedade, que significa dizer que os atos são dotados de execução direta e imediata pela Administração Pública, com exceção daqueles que ameacem lesionar direitos[5], ocasião em que o interessado poderá buscar judicialmente a reparação dos danos causados; (d) a tipicidade, ou seja, o ato administrativo deve corresponder a um ato predefinido em lei, apto a produzir resultados.

Segundo se extrai do art. 2º da Lei da Ação Popular - Lei n. 4.717, de 29 de junho de 1965 (Brasil, 1965), são **requisitos** dos atos administrativos: (a) a competência, de maneira que o ato deve ser exarado por autoridade competente, previamente definida em lei; (b) a finalidade, a qual está sempre definida explicita ou implicitamente em lei; (c) a forma, que deve, em regra, sempre predefinida em lei; (d) o motivo, que é a circunstância que leva a autorização da prática do ato administrativo; (e) o objeto, ou seja, a efeito jurídico que se pretende com o ato. Em caso de inobservância desses requisitos, o ato será nulo.

Quanto à espécie, o ato administrativo pode ser normativo, ordinatório ou enunciativo. Os atos **normativos** são aqueles que contêm um comando geral emanado pelo administrador público, como os decretos, os regulamentos, as portarias normativas etc. Os atos **ordinatórios** são os que têm por finalidade

---

4 Como, por exemplo, na Administração Pública Militar, a obrigatoriedade da prestação de serviço militar obrigatório ao cidadão incorporado.

5 Conforme art. 5º, inciso XXXV, e art. 37, parágrafo 6º, da CF de 1988.

a regulamentação do funcionamento da própria Administração Pública, a exemplo, a Norma Padrão de Ação da Aeronáutica. Por sua vez, os atos **enunciativos** são aqueles que se limitam a atestar ou certificar um fato, bem como emitir uma opinião sobre o assunto, como os atestados, as certidões e os pareceres.

Por fim, cumpre expor como ocorre a **extinção** dos atos administrativos. A primeira causa é a **revogação**, que consiste na extinção de um ato que, apesar de ser válido, não é conveniente ou oportuno para a ocasião. A segunda causa é a **anulação**, que, ao contrário da revogação, extingue um ato em razão de ser ilegítimo ou ilegal. Salientamos que o direito de a Administração anular atos que tenham gerados efeitos favoráveis aos destinatários decai em cinco anos, a contar da data em que foram praticados[6]. A terceira causa é a **cassação**, que decorre do descumprimento das obrigações ou condições fixadas no próprio ato por parte de seu destinatário. A quarta causa é a **caducidade**, que decorre da expedição de norma superveniente que passa a proibir determinada situação, que antes era autorizada. A quinta causa é a **contraposição**, que ocorre quando outro ato é expedido e cause efeitos contrários ao primeiro. A sexta causa é a **renúncia**, na qual o beneficiário abdica de um direito que lhe foi conferido pelo ato administrativo. E a sétima e última causa é o alcance do **termo final** da vigência do ato administrativo, previamente estabelecido.

---

6 Vide Lei n. 9.784/1999, que regula o processo administrativo no âmbito da Administração Pública Federal.

— 5.4 —

Forças Armadas Brasileiras

Primeiramente, cabe aqui a transcrição da definição constitucional de Forças Armadas, disposta no art. 142 da CF de 1988:

> Art. 142. As Forças Armadas, constituídas pela Marinha, pelo Exército e pela Aeronáutica, são instituições nacionais permanentes e regulares, organizadas com base na hierarquia e na disciplina, sob a autoridade suprema do Presidente da República, e destinam-se à defesa da Pátria, à garantia dos poderes constitucionais e, por iniciativa de qualquer destes, da lei e da ordem. (Brasil, 1988)

Assim, as Forças Armadas destinam-se à defesa da pátria e à garantia dos poderes constitucionais, sendo, portanto, garantes da própria existência do Estado, atuando preventivamente ou repressivamente contra ameaças internas e externas.

Importante ressaltar que a CF de 1988, ao determinar que o uso das Forças Armadas só poderá ser empreendido para a defesa da pátria, condicionou a declaração de guerra externa à prévia agressão estrangeira.

A Lei Complementar n. 97/1999 dispõe sobre as normas gerais para a organização, o preparo e o emprego das Forças Armadas.

Na estrutura da hierarquia das Forças Armadas, o presidente da República ocupa o primeiro escalão na condição de Comandante Supremo, a quem compete a decisão sobre qualquer decisão sobre seu emprego.

Logo abaixo vem o ministro da Defesa, que tem a função de assessorá-lo no que concerne aos demais assuntos pertinentes à área militar, bem como exercer a direção superior das Forças Armadas, que a ele estão subordinadas. O ministro será escolhido entre os brasileiros maiores de 21 anos que estejam no pleno exercício dos direitos políticos, sendo privativo à brasileiro nato.

O ministro da Defesa é assessorado de forma permanente pelo Estado-Maior Conjunto das Forças Armadas, que é um órgão cujo chefe é um oficial-general do último posto, da ativa ou da reserva, indicado pelo Ministro e nomeado pelo presidente da República.

Abaixo estão os comandantes da Marinha, do Exército e da Aeronáutica, os quais exercem o papel de gestão e direção de cada Força, sobretudo o comando operacional, obedecendo sempre às políticas estabelecidas pelo Ministro da Defesa. Tais cargos são privativos de oficiais-generais do último posto da respectiva Força. Cada Comando tem a função de preparar a respectiva força para o cumprimento de sua destinação constitucional e das atribuições subsidiárias, previstas em lei.

Como atribuições subsidiárias, compete, por exemplo: (a) à Marinha, orientar e controlar a Marinha Mercante no que interessa à defesa nacional; prover a segurança da navegação; implementar e fiscalizar o cumprimento de leis no mar e nas águas interiores etc.; (b) ao Exército, contribuir para a formulação de políticas nacionais sobre o poder militar terrestre; cooperar com órgãos públicos e, excepcionalmente, privados, na execução de obras e serviços de engenharia etc.; (c) à Aeronáutica, orientar, coordenar e controlar a Aviação Civil; prover a segurança da navegação aérea; operar o Correio Aéreo Nacional etc.

Os integrantes das Forças Armadas são denominados *militares*, os quais podem encontrar-se na ativa (os de carreira; os incorporados para prestação de serviço militar inicial; os da reserva, quando convocados, reincluídos, designados ou mobilizado; os alunos de órgão de formação de militares; em tempo de guerra, todo cidadão mobilizado) ou na reserva (aqueles que se encontram em inatividade, sendo os da reserva remunerada e os reformados). Podem, ainda, ser oficiais (detentores de postos ou patentes militares) ou praças (os não oficiais, detentores de graduações).

O ingresso nas Forças Armadas, segundo prescreve o art. 10 da Lei n. 6.880/1980, "é facultado, mediante incorporação, matrícula ou nomeação, a todos os brasileiros que preencham os requisitos estabelecidos em lei e nos regulamentos da Marinha, do Exército e da Aeronáutica" (Brasil, 1980). A incorporação é o ato de inclusão do convocado ou do voluntário em uma organização militar; a matrícula é o ato de admissão do convocado ou voluntário em qualquer centro de formação de militares; a nomeação é o ato pelo qual o brasileiro passa a ser incluído nos quadros.

Pela peculiaridade do serviço prestado, a lei poderá dispor sobre a forma de ingresso e os requisitos de limite de idade, capacidade física, entre outros[7].

— 5.5 — Polícias Militares e Bombeiros Militares

Conforme prescreve o art. 42 da Constituição Federal, são considerados como membros das Polícias Militares e dos Corpos de Bombeiros Militares os militares dos estados, do Distrito Federal e dos Territórios. À Polícia Militar cabe, precipuamente, o policiamento ostensivo e a preservação da ordem pública; já ao Corpo de Bombeiros Militares, além das atribuições definidas em lei, incumbe a execução de atividades de defesa civil, nos termos do art. 144, parágrafo 5º, da CF de 1988.

Os militares estaduais somente poderão ingressar nos quadros mediante aprovação em concurso público, haja vista seu caráter voluntário.

Prescreve o art. 22, inciso XXI, da CF de 1988, que compete privativamente à União legislar sobre "normas gerais de organização, efetivos, material bélico, garantias, convocação,

---

7 Conforme o art. 142, parágrafo 3º, inciso X, da CF de 1988, "a lei disporá sobre o ingresso nas Forças Armadas, os limites de idade, a estabilidade e outras condições de transferência do militar para a inatividade, os direitos, os deveres, a remuneração, as prerrogativas e outras situações especiais dos militares, consideradas as peculiaridades de suas atividades, inclusive aquelas cumpridas por força de compromissos internacionais e de guerra" (Brasil, 1988).

mobilização, inatividades e pensões das polícias militares e dos corpos de bombeiros militares", podendo, por meio de lei complementar, existir a autorização para que os estados legislem sobre a questão, conforme parágrafo único do mesmo dispositivo legal (Brasil, 1988).

Importante mencionar que o Supremo Tribunal Federal (STF), por meio da edição da Súmula Vinculante n. 39, determinou que "Compete privativamente à União legislar sobre vencimentos dos membros das polícias civil e militar e do corpo de bombeiros militar do Distrito Federal" (Brasil, 2020d, p. 35).

Tanto a Polícia Militar quanto o Corpo de Bombeiro Militar subordinam-se aos governadores do estado, do Distrito Federal e dos Territórios, conforme dispõe o art. 144, parágrafo 6°, da CF de 1988, a quem compete, por exemplo, nomear e exonerar o comandante-geral da corporação, conferir patentes aos oficiais e legislar sobre o regime jurídico dos membros dessas corporações. Pelo princípio da simetria, muitos defendem que todas as hipóteses que a CF de 1988 atribua como de inciativa privativa do presidente da República devem ser observadas no âmbito estadual.

Os oficiais dessas corporações só perderão o posto e a patente se foram julgados como indignos do oficialato ou com ele incompatíveis, por decisão do tribunal estadual competente. Portanto, o que se observa é que a CF de 1988, em seu art. 42, parágrafo 1°, 125, parágrafo 4°, e 142, parágrafo 3°, incisos VI e VII, assegurou aos oficiais a vitaliciedade dos postos e patentes, o que não fez com relação às praças estaduais.

É expressamente proibida a acumulação de cargo ou emprego público civil permanente com o exercício do serviço militar pelo agente estadual, de modo que, assim ocorrendo, será transferido imediatamente para a reserva, não podendo receber remuneração, de acordo com o previsto no art. 37, parágrafo 10, da CF de 1988.

No entanto, conforme leciona Jorge Luiz Nogueira de Abreu (2015), se o emprego ou função pública for temporária, os militares permanecerão agregados, de modo que somente poderão retornar após o término dessa situação. Caso permaneça por dois anos, consecutivos ou não, na função ou emprego, passará a integrar a reserva.

Ainda, por força do art. 142, parágrafo 3°, inciso IV, da CF de 1988, os militares estaduais são proibidos de entrar em greve, em razão da essencialidade do serviço prestado - de segurança pública - ou de aderir à sindicalização, visando à manutenção da hierarquia própria da instituição.

Os militares estaduais e distritais têm os seguintes direitos sociais: décimo terceiro salário, salário-família, férias anuais remuneradas, acrescidas de um terço, licença-gestante e paternidade, assistência gratuita aos filhos de dependentes até os cinco anos de idade, bem como sua remuneração será exclusivamente por subsídio fixado em parcela única - assim determinam os arts. 42, parágrafo 1°, e 142, parágrafo 3°, inciso VIII, da CF de 1988.

— 5.6 —
Disciplina e hierarquia militares

Conforme podemos extrair do teor do art. 31, inciso IV, da Lei n. 6.880/1980, a disciplina militar consiste na rigorosa observância de leis, regulamentos e todas as normas que regem a atividade militar, ao passo que a hierarquia militar é a estrutura vertical e horizontal das autoridades dentro da estrutura da corporação.

Ambas devem ser observadas tanto pelos militares da ativa quanto da reserva remunerada e reformados, sob pena de incorrer-se em ato contrário ao dever militar.

A hierarquia **vertical** diz respeito ao escalonamento das autoridades, em níveis diferentes, em postos e graduações, e a hierarquia **horizontal** refere-se às autoridades em mesmo nível, porém, em tempo de permanência diverso. Dentro de um mesmo posto ou graduação, o militar da ativa terá prevalência sobre o inativo.

A saber, *posto* é o grau hierárquico do oficial, e *patente* é o título de investidura no oficialato.

A CF de 1988 consagrou o **princípio da garantia da patente**, o que significa dizer que os oficiais só perderão a patente se forem declarados indignos ou incompatíveis com o oficialato, desde que assim declarado pelo Superior Tribunal Militar (STM), conforme dicção do art. 142, parágrafo 3º, inciso VII, da CF de 1988.

A **indignidade** ocorre quando graves lesões de ordem moral tornam o militar fora dos padrões de ética das corporações militares, e a **incompatibilidade** ocorre com relação às razões ligadas estritamente ao serviço militar, ou seja, razões que o tornem desadaptado às exigências da vida militar.

Em decorrência dessas hipóteses, o oficial perderá o posto e a patente, sem direito a qualquer remuneração ou indenização, não sendo incluído na reserva das Forças Armadas. No entanto, os beneficiários do oficial da ativa, da reserva remunerada ou reformado que for declarado indigno ou incompatível terão direito ao recebimento da pensão militar como se ele houvesse falecido (art. 7º do Decreto-Lei n. 510/1938 e art. 5º do Decreto n. 49.096/1960).

A **graduação**, por sua vez, trata-se do grau hierárquico das praças (não oficiais), tendo como acesso à graduação inicial pela nomeação e as demais pela promoção. Às praças, diferentemente dos oficiais, não foi assegurada a vitaliciedade da graduação, de modo que a perda não está sujeita à decisão de qualquer Tribunal, eis que a lei é silente sobre o assunto.

— 5.7 —

Obrigações e deveres militares

O serviço militar, em razão de suas particularidades, exige rigoroso cumprimento aos regramentos inerentes. Portanto, aos membros das Forças Armadas são impostos diversos deveres e obrigações, os quais são compostos pelo valor militar e pela ética profissional.

O **valor militar** é externalizado pelas necessárias manifestações de: (a) patriotismo; (b) civismo e culto das tradições históricas; (c) fé na missão militar; (d) camaradagem com os integrantes da corporação e orgulho pelo serviço; (e) amor à profissão e entusiasmo; (f) constante aprimoramento técnico-profissional. Já a **ética profissional** consiste no denominado *pundonor militar*, ou seja, na mantença do decoro da classe, estando ou não no exercício da função militar.

Em razão da ética militar, por exemplo, é que se vedou ao militar da ativa comerciar ou tomar parte na administração ou gerência de sociedade ou dela ser sócio ou participar de sociedade anônima ou por quotas de responsabilidade limitada, exceto como acionista ou quotista (art. 29 da Lei n. 6.880/1980).

Aos militares incide o chamado *dever de obediência*, desde que a ordem não seja manifestamente ilegal ou ilícita.

A violação das obrigações ou dos deveres militares geram a imputação de crime, contravenção ou transgressão disciplinar, sendo, no caso específico da violação da ética militar, tão mais grave quanto maior for o grau hierárquico de quem a praticar.

As **contravenções** ou **transgressões** disciplinares ocorrem quando o sujeito, apesar de não ter cometido crime, tenha violado a ética, as obrigações ou os deveres militares. O regulamento de cada Força descreve a conduta como grave, média ou leve, bem como traz as circunstâncias atenuantes, agravantes e justificativas das transgressões disciplinares.

A **infração** será apurada mediante regular procedimento administrativo, assegurando-se o contraditório a ampla defesa, nos termos do art. 5º, inciso LV, da CF de 1988, sob pena de gerar a nulidade da sanção aplicada.

O **crime** militar, quando caracterizado nos termos do que estabelece o CPM, só se diferencia das transgressões ou contravenções disciplinares pelo grau de ofensa da conduta às obrigações e deveres militar. Cabe informar, contudo, que quando houver "concurso" entre crime militar e contravenção ou transgressão disciplinar, o ilícito penal absorverá o administrativo conforme previsto no art. 42, parágrafo 2º, da Lei n. 6.880/1980.

A **punição disciplinar** realizada no âmbito administrativo tem como finalidade a reeducação do infrator e o fortalecimento da disciplina das Forças Armadas. A depender do regulamento de cada Força, podem ser aplicadas a repreensão, penas privativas de liberdade (reguladas no art. 47, parágrafo 1º, da Lei n. 6.880/1980, não podendo ultrapassar 30 dias), licenciamento e exclusão.

Importante mencionar que, nos termos da Súmula n. 19 do STF, é vedada a aplicação de duas punições por uma única infração disciplinar, sob pena de incorrer em *bis in idem* (Brasil, 2017f).

A Lei n. 5.836/1972 e o Decreto n. 71.500/1972 regulamentam o prazo prescricional de seis anos para aplicação da punição disciplinar.

— 5.8 —
Exclusão do serviço ativo

A exclusão do serviço ativo significa dizer que o militar será desligado da organização militar e incluído na reserva das Forças Armadas, exceto em casos específicos em que a lei veda sua inclusão (nos casos de reforma, perda de posto e patente, anulação de incorporação, exclusão ou licenciamento a bem da disciplina, deserção, falecimento ou extravio)[8].

O **desligamento** ocorre pelos seguintes motivos: "a) transferência para a reserva remunerada; b) reforma; c) demissão; d) perda do posto e patente; e) licenciamento; f) anulação de incorporação; g) desincorporação; h) a bem da disciplina; i) deserção; j) falecimento; l) extravio" (Abreu, 2015, p. 489).

A **transferência** para a reserva remunerada ocorre quando o militar passa para a situação de inatividade, porém, permanece na disponibilidade, sujeito à prestação de serviço na ativa, mediante convocação ou mobilização. O militar nessa condição fará jus ao recebimento de proventos integrais ou proporcionais, a depender da situação.

A **reforma**, da mesma forma, é a passagem do militar para a situação de inatividade remunerada. Contudo, está dispensado definitivamente da prestação do serviço militar. A pedido do militar, será concedida exclusivamente aos membros do magistério militar que contem com mais de 30 anos de serviço, tendo

---

8 Ver art. 94, parágrafo 1º, da Lei n. 6.880/1980.

sido no mínimo 10 anos no magistério militar. Por outro lado, será concedida *ex officio* quando atingir a idade-limite de permanência na reserva, for julgado definitivamente incapaz para o serviço ativo, for condenado à pena de reforma pelo CPM, entre outros.

A **demissão** é o ato de exclusão do serviço ativo aplicável exclusivamente aos oficiais das Forças Armadas. A pedido do militar, é concedida mediante requerimento do interessado, com ou sem o recebimento de indenização, ingressando na reserva não remunerada. Por outro lado, é concedida *ex officio* quando o oficial tomar posse em cargo ou emprego público civil permanente ou quando perder o posto e a patente por ter sido julgado incompatível ou indigno ao oficialato.

Importante mencionar que a demissão só será concedida mediante indenização nos casos em que decorrer de pedido do militar ou *ex officio*, nos casos em que tomou posse em cargo ou emprego público, desde que conte com menos de cinco anos de oficialato ou tiver realizado curso ou estágio e não tenham decorrido dois anos (para curso com tempo entre dois e seis meses); três anos (para curso com tempo entre seus meses e dezoito meses); e cinco anos (para curso com tempo superior a dezoito meses).

O **licenciamento** é o ato de exclusão do serviço ativo aplicado aos oficiais da reserva convocados, aos guardas-marinhas, aos aspirantes a oficial e às praças. O militar licenciado não tem direito ao recebimento de qualquer valor a título de remuneração, passando a ser incluída na reserva não remunerada, salvo se licenciado *ex officio* a bem da disciplina. O licenciamento poderá ser suspenso na vigência de estado de guerra, emergência, mobilização ou estado de sítio.

A **anulação** poderá ocorrer a qualquer tempo, quando verificada qualquer irregularidade no recrutamento, por meio de sindicância de inquérito policial militar.

A **desincorporação** ocorre exclusivamente às praças do serviço ativo, nos casos em que o militar falte o serviço por mais de 90 dias (consecutivos ou não) em decorrência de moléstia grave, condenação penal irrecorrível por crime culposo, entre outros. Ressaltamos, aqui, que o Superior Tribunal de Justiça (STJ) decidiu, no Agravo Regimental no Agravo em Recurso Especial n. 210.558/PR, que os militares temporários não podem ser desincorporados nem licenciados em razão de debilidade física, caso em que deverá ser adequado à sua incapacidade temporária:

> PROCESSUAL CIVIL E ADMINISTRATIVO. AGRAVO REGIMENTAL NO AGRAVO EM RECURSO ESPECIAL. MILITAR LICENCIADO. REINTEGRAÇÃO COMO ADIDO PELO PERÍODO NECESSÁRIO À CONCLUSÃO DE TRATAMENTO MÉDICO DE MOLÉSTIA SURGIDA QUANDO EM ATIVIDADE. PAGAMENTO DE PARCELAS PRETÉRITAS. POSSIBILIDADE.
>
> 1. A jurisprudência desta Corte possui o entendimento de que o militar temporário ou de carreira, em se tratando de debilidade física acometida, não pode ser licenciado, fazendo jus

> o servidor militar à reintegração aos quadros militares para tratamento médico-hospitalar adequado à incapacidade temporária, sendo-lhe assegurada a percepção de soldo e demais vantagens remuneratórias desde a data do indevido licenciamento. Precedentes: AgRg no AREsp 7.478/RS, Rel. Ministro Arnaldo Esteves Lima, Primeira Turma, DJe 13/10/2011; AgRg no Ag 1.340.068/RS, Rel. Ministro Napoleão Nunes Maia Filho, Primeira Turma, DJe 17/2/2012.
>
> 2. Constatada a ilegalidade do ato administrativo que excluiu o militar, é legítimo o pagamento das parcelas pretéritas relativas ao período que medeia o licenciamento ex officio e a reintegração do militar. Precedentes: AgRg no REsp 1.211.013/RS, Rel. Ministro Herman Benjamin, Segunda Turma, DJe 4/2/2011; REsp 1.276.927/PR, Rel. Ministro Mauro Campbell Marques, Segunda Turma, DJe 14/2/2012. 3. Agravo regimental não provido. (Brasil, 2014b)

Derradeiramente, a **exclusão a bem da disciplina** é aplicada aos guarda-marinha, aos aspirantes a oficial e às praças com estabilidade. O art. 125 da Lei n. 6.880/1980 traz um rol taxativo sobre as hipóteses em que será aplicada esse tipo de exclusão[9].

Por fim, o **falecimento** do militar da ativa levará à sua exclusão, por óbvio, do serviço ativo.

---

9 Ver art. 125 da Lei n. 6.880/1980.

Chegado ao final da análise das hipóteses de desligamento do serviço ativo militar, encerramos o capítulo que trata do ramo administrativo militar, entendendo como abordados os temas que possibilitarão ao leitor a compreensão da sistemática que viabiliza a Administração Pública Militar.

Considerações finais

Caros leitores, como dito nas linhas iniciais, o objetivo da presente obra foi apresentar as principais noções sobre o direito militar, propiciando conhecimento necessário tanto para um aprofundamento da matéria quanto para a segurança na atuação prática.

Referidas noções foram amparadas na melhor doutrina da temática, minudentemente selecionadas a fim de expor os institutos mais importantes dos três ramos que compõem o direito militar, quais sejam, penal, processual penal e administrativo.

Ainda, nosso intuito também foi fornecer aproximação às carreiras das armas, indispensáveis à defesa da pátria, à garantia dos poderes constitucionais e da lei e da ordem.

Nesse sentido, acreditamos que esta obra auxiliará o leitor e agradecemos a confiança.

Referências

ABREU, J. L. N. de. **Direito administrativo militar**. 2. ed. São Paulo: Método, 2015.

ASSIS, J. C. de. **Comentários ao Código Penal Militar**: comentários, doutrina, jurisprudência dos tribunais militares e tribunais superiores. Curitiba: Juruá, 2007.

BITENCOURT, C. R. **Tratado de direito penal**: parte geral. 9. ed. São Paulo: Saraiva, 2015. v. 1.

BRASIL. Câmara dos Deputados. Projeto de Lei n. 9.432, de 19 de dezembro de 2017. Brasília, DF, 2017a. Disponível em: <https://www.camara.leg.br/proposicoesWeb/prop_mostrarintegra;jsessionid=626E15A0664AC9FF82EAD1E0961AE37F.proposicoesWebExterno1?codteor=1634828&filename=PL+9432/2017>. Acesso em: 13 nov. 2020.

BRASIL. Constituição (1988). **Diário Oficial da União**, Brasília, DF, 5 out. 1988. Disponível em: <http://www.planalto.gov.br/ccivil_03/constituicao/constituicao.htm>. Acesso em: 13 nov. 2020.

BRASIL. Decreto-Lei n. 1.001, de 21 de outubro de 1969. **Diário Oficial da União**, Poder Executivo, Brasília, DF, 21 out. 1969a. Disponível em: <http://www.planalto.gov.br/ccivil_03/Decreto-Lei/Del1001.htm>. Acesso em: 13 nov. 2020.

BRASIL. Decreto-Lei n. 1.002, de 21 de outubro de 1969. **Diário Oficial da União**, Poder Executivo, Brasília, DF, 21 out. 1969b. Disponível em: <http://www.planalto.gov.br/ccivil_03/decreto-lei/del1002.htm>. Acesso em: 13 nov. 2020.

BRASIL. Decreto-Lei n. 2.848, de 7 de dezembro de 1940. **Diário Oficial**, Poder Executivo, Rio de Janeiro, RJ, 31 dez. 1940. Disponível em: <http://www.planalto.gov.br/ccivil_03/decreto-lei/del2848compilado.htm>. Acesso em: 13 nov. 2020.

BRASIL. Decreto-Lei n. 3.689, de 3 de outubro de 1941. **Diário Oficial**, Poder Executivo, Rio de Janeiro, RJ, 13 out. 1941. Disponível em: <http://www.planalto.gov.br/ccivil_03/decreto-lei/del3689compilado.htm>. Acesso em: 13 nov. 2020.

BRASIL. Decreto-Lei n. 4.657, de 4 de setembro de 1942. **Diário Oficial**, Poder Executivo, Rio de Janeiro, 9 set. 1942. Disponível em: <http://www.planalto.gov.br/ccivil_03/Decreto-Lei/Del4657.htm>. Acesso em: 13 nov. 2020.

BRASIL. Força Aérea Brasileira. Academia da Força Aérea. **Postos e graduações**. Disponível em: <https://www2.fab.mil.br/afa/index.php/postos-e-graduacoes>. Acesso em: 13 nov. 2020a.

BRASIL. Lei n. 4.375, de 17 de agosto de 1964. **Diário Oficial da União**, Poder Legislativo, Brasília, DF, 3 set. 1964. Disponível em: <http://www.planalto.gov.br/ccivil_03/LEIS/L4375.htm>. Acesso em: 13 nov. 2020.

BRASIL. Lei n. 4.717, de 29 de junho de 1965. **Diário Oficial da União**, Poder Executivo, Brasília, DF, 29 jun. 1965. Disponível em: <http://www.planalto.gov.br/ccivil_03/leis/L4717.htm>. Acesso em: 13 nov. 2020.

BRASIL. Lei n. 6.368, de 21 de outubro de 1976. **Diário Oficial da União**, Poder Legislativo, Brasília, DF, 22 out. 1976. Disponível em: <http://www.planalto.gov.br/ccivil_03/leis/l6368.htm>. Acesso em: 13 nov. 2020.

BRASIL. Lei n. 6.880, de 9 de dezembro de 1980. **Diário Oficial da União**, Poder Executivo, Brasília, DF, 11 dez. 1980. Disponível em: <http://www.planalto.gov.br/ccivil_03/LEIS/L6880.htm>. Acesso em: 13 nov. 2020.

BRASIL. Lei n. 7.210, de 11 de julho de 1984. **Diário Oficial da União**, Poder Executivo, Brasília, DF, 13 jul. 1984. Disponível em: <http://www.planalto.gov.br/ccivil_03/leis/l7210.htm>. Acesso em: 13 nov. 2020.

BRASIL. Lei n. 8.457, de 4 de setembro de 1992. **Diário Oficial da União**, Poder Executivo, Brasília, DF, 8 set. 1992. Disponível em: <http://www.planalto.gov.br/ccivil_03/LEIS/L8457.htm>. Acesso em: 13 nov. 2020.

BRASIL. Lei n. 9.784, de 29 de janeiro de 1999. **Diário Oficial da União**, Poder Legislativo, Brasília, DF, 1º fev. 1999a. Disponível em: <http://www.planalto.gov.br/ccivil_03/leis/l9784.htm>. Acesso em: 13 nov. 2020.

BRASIL. Lei n. 9.873, de 23 de novembro de 1999. **Diário Oficial da União**, Poder Executivo, Brasília, DF, 24 nov. 1999b. Disponível em: <http://www.planalto.gov.br/ccivil_03/leis/L9873.htm>. Acesso em: 13 nov. 2020.

BRASIL. Lei n. 11.343, de 23 de agosto de 2006. **Diário Oficial da União**, Poder Legislativo, Brasília, DF, 24 ago. 2006. Disponível em: <http://www.planalto.gov.br/ccivil_03/_ato2004-2006/2006/lei/l11343.htm>. Acesso em: 13 nov. 2020.

BRASIL. Lei n. 13.491, de 13 de outubro de 2017. **Diário Oficial da União**, Poder Legislativo, Brasília, DF, 16 out. 2017b. Disponível em: <http://www.planalto.gov.br/ccivil_03/_Ato2015-2018/2017/Lei/L13491.htm>. Acesso em: 13 nov. 2020.

BRASIL. Lei n. 13.964, de 24 de dezembro de 2019. **Diário Oficial da União**, Poder Legislativo, Brasília, DF, 24 dez. 2019. Disponível em: <http://www.planalto.gov.br/ccivil_03/_Ato2019-2022/2019/Lei/L13964.htm>. Acesso em: 13 nov. 2020.

BRASIL. Ministério da Defesa. Regulamento Interno e dos Serviços Gerais n. 51/2003. **Separata ao Boletim do Exército**, Brasília, DF, 19 dez. 2003. Disponível em: <https://www.bombeiros.go.gov.br/wp-content/uploads/2012/07/risg.pdf>. Acesso em: 13 nov. 2020.

BRASIL. Ministério da Defesa. **Remuneração dos militares das Forças Armadas no Brasil e no exterior**. 10 abr. 2014a. Disponível em: <https://www.gov.br/defesa/pt-br/acesso-a-informacao/despesas-1/remuneracao-dos-militares-das-forcas-armadas-no-brasil-e-no-exterior>. Acesso em: 13 nov. 2020.

BRASIL. Ministério da Saúde. Secretaria de Vigilância em Saúde. Portaria n. 344, de 12 de maio de 1998. **Diário Oficial da União**, Brasília, DF, maio 1998. Disponível em: <https://bvsms.saude.gov.br/bvs/saudelegis/svs/1998/prt0344_12_05_1998_rep.html>. Acesso em: 13 nov. 2020.

BRASIL. Superior Tribunal de Justiça. Agravo Regimental no Agravo em Recurso Especial n. 210.558/PR. Relator: Min. Benedito Gonçalves. **Diário da Justiça**, Brasília, DF, 25 mar. 2014b. Disponível em: <https://scon.stj.jus.br/SCON/GetInteiroTeorDoAcordao?num_registro=201201582016&dt_publicacao=25/03/2014>. Acesso em: 13 nov. 2020.

BRASIL. Superior Tribunal de Justiça. Conflito de Competência n. 1.258/SP. Relator: Min. Cid Flaquer Scartezzini. **Diário da Justiça**, Brasília, DF, 20 ago. 1990. Disponível em: <https://ww2.stj.jus.br/processo/ita/listarAcordaos?classe=&num_processo=&num_registro=199000048907&dt_publicacao=20/08/1990>. Acesso em: 13 nov. 2020.

BRASIL. Superior Tribunal de Justiça. Habeas Corpus n. 166.673/PR. Relatora: Min. Maria Thereza de Assis Moura. **Diário da Justiça**, Brasília, DF, 19 set. 2013a. Disponível em: <https://ww2.stj.jus.br/processo/revista/inteiroteor/?num_registro=201000523500&dt_publicacao=19/09/2013>. Acesso em: 13 nov. 2020.

BRASIL. Superior Tribunal de Justiça. Habeas Corpus n. 385.779/SP. Relator: Min. Felix Fischer. **Diário da Justiça**, Brasília, DF, 11 out. 2017c. Disponível em: <https://ww2.stj.jus.br/processo/revista/inteiroteor/?num_registro=201700102189&dt_publicacao=11/10/2017>. Acesso em: 13 nov. 2020.

BRASIL. Superior Tribunal de Justiça. Recurso Ordinário em Habeas Corpus n. 41.251/GO. Relator: Min. Jorge Mussi. **Diário da Justiça**, Brasília, DF, 29 out. 2013b. Disponível em: <https://ww2.stj.jus.br/processo/revista/inteiroteor/?num_registro=201303283980&dt_publicacao=29/10/2013>. Acesso em: 13 nov. 2020.

BRASIL. Superior Tribunal de Justiça. **Súmulas**. Disponível em: <http://www.stj.jus.br/docs_internet/SumulasSTJ.pdf>. Acesso em: 13 nov. 2020b.

BRASIL. Superior Tribunal Militar. Apelação n. 2008.01.051063-0/PE, Relator: Min. José Coêlho Ferreira. **Diário da Justiça**, Brasília, DF, out 2018a. Disponível em: <https://dspace.stm.jus.br/xmlui/bitstream/handle/123456789/137553/documento-2008.01.051063-0.pdf?sequence=1&isAllowed=y>. Acesso em: 13 nov. 2020.

BRASIL. Superior Tribunal Militar. Apelação n. 0000098-97.2010.7.08.0008/PA, Relator: Min. José Coêlho Ferreira. **Diário da Justiça**, Brasília, DF, 17 maio 2012a. Disponível em: <https://www2.stm.jus.br/cgi-bin/nph-brs?s2=2012.01.000841-0&l=20&d=JURI&p=1&u=jurisprudencia.htm&r=1&f=G&sect1=NOVAJURI>. Acesso em: 13 nov. 2020.

BRASIL. Superior Tribunal Militar. Apelação n. 0000011-04.2009.7.04.0004/MG. Relator: Min. Carlos Alberto Marques Soares. **Diário da Justiça**, Brasília, DF, 24 maio 2012b. Disponível em: <https://stm.jusbrasil.com.br/jurisprudencia/22206759/apelacao-ap-110420097040004-mg-0000011-0420097040004-stm?ref=serp>. Acesso em: 13 nov. 2020.

BRASIL. Superior Tribunal Militar. Apelação n. 0000002-50.2006.7.03.0303/RS. Relator: Min. Carlos Alberto Marques Soares. **Diário da Justiça**, Brasília, DF, 9 ago. 2012c. Disponível em: <https://stm.jusbrasil.com.br/jurisprudencia/22267303/apelacao-ap-25020067030303-rs-0000002-5020067030303-stm>. Acesso em: 13 nov. 2020.

BRASIL. Superior Tribunal Militar. Embargos n. 0000160-84.2010.7.03.0103/DF. Relator: Min. Olympio Pereira da Silva Junior. **Diário da Justiça**, Brasília, DF, 20 jun. 2013c. Disponível em: <https://stm.jusbrasil.com.br/jurisprudencia/23859258/embargos-emb-1608420107030103-df-0000160-8420107030103-stm?ref=serp>. Acesso em: 13 nov. 2020.

BRASIL. Superior Tribunal Militar. Habeas Corpus n. 0000004-69.2008.7.00.0000/MS. Relator: Min. Renaldo Quintas Magioli. **Diário da Justiça**, Brasília, DF, 18 fev. 2009. Disponível em: <https://www2.stm.jus.br/cgi-bin/nph-brs?s2=2008.01.034473-0&l=20&d=JURI&p=1&u=jurisprudencia.htm&r=1&f=G&sect1=NOVAJURI>. Acesso em: 13 nov. 2020.

BRASIL. Superior Tribunal Militar. Habeas Corpus n. 0000008-67.2012.7.00.0000/RJ. Relator: Min. Fernando Sérgio Galvão. **Diário da Justiça**, Brasília, DF, mar. 2012d. Disponível em: <https://www.lexml.gov.br/urn/urn:lex:br:superior.tribunal.militar;plenario:acordao:2012-03-01;180_2012010350608>. Acesso em: 13 nov. 2020.

BRASIL. Superior Tribunal Militar. Habeas Corpus n. 0000161-61.2016.7.00.0000/BA. Relator: Min. Marco Antônio de Farias. **Diário da Justiça**, Brasília, DF, 13 set. 2016a. Disponível em: <https://stm.jusbrasil.com.br/jurisprudencia/388930533/habeas-corpus-hc-1616120167000000-ba>. Acesso em: 13 nov. 2020.

BRASIL. Superior Tribunal Militar. Habeas Corpus n. 0000012-31.2017.7.00.0000. Relator: Min. Carlos Augusto de Sousa. **Diário da Justiça**, Brasília, DF, 2 mar. 2017d. Disponível em: <https://www.jusbrasil.com.br/processos/146074036/processo-n-123120177000000-do-superior-tribunal-militar>. Acesso em: 13 nov. 2020.

BRASIL. Superior Tribunal Militar. Recurso Criminal n. 1999.01.006614-0/RS. Relator: Min. Aldo da Silva Fagundes. **Diário da Justiça**, Brasília, DF, 31 jan. 2000. Disponível em: <https://stm.jusbrasil.com.br/jurisprudencia/953433/recurso-criminal-fo-rcrimfo-6614-rs-199901006614-0?ref=serp>. Acesso em: 13 nov. 2020.

BRASIL. Superior Tribunal Militar. **Súmulas**. Disponível em: <https://www.stm.jus.br/servicos-stm/juridico/sumulas-ref>. Acesso em: 13 nov. 2020c.

BRASIL. Supremo Tribunal Federal. Habeas Corpus n. 111.130/DF. Relatora: Min. Cármen Lúcia. **Diário da Justiça**, Brasília, DF, 1° ago. 2012e. Disponível em: <http://redir.stf.jus.br/paginadorpub/paginador.jsp?docTP=TP&docID=2282573>. Acesso em: 13 nov. 2020.

BRASIL. Supremo Tribunal Federal. Habeas Corpus n. 116.312/RS. Relator: Min. Dias Toffoli. **Diário da Justiça**, Brasília, DF, 3 out. 2013d. Disponível em: <https://jurisprudencia.stf.jus.br/pages/search/sjur243551/false>. Acesso em: 13 nov. 2020.

BRASIL. Supremo Tribunal Federal. Habeas Corpus n. 118.255/PR. Relator: Min. Ricardo Lewandowski. **Diário da Justiça**, Brasília, DF, 2 dez. 2013e. Disponível em: <http://redir.stf.jus.br/paginadorpub/paginador.jsp?docTP=TP&docID=4962193>. Acesso em: 13 nov. 2020.

BRASIL. Supremo Tribunal Federal. Habeas Corpus n. 127.900/AM. Relator: Min. Dias Toffoli. **Informativo STF**, Brasília, DF, n. 816, 29 fev. a 4 mar. 2016b. Disponível em: <http://www.stf.jus.br/arquivo/informativo/documento/informativo816.htm>. Acesso em: 13 nov. 2020.

BRASIL. Supremo Tribunal Federal. Habeas Corpus n. 143.064/SP. Relator: Min. Edson Fachin. **Diário da Justiça**, Brasília, DF, 10 set. 2017e. Disponível em: <https://www.jusbrasil.com.br/processos/150656329/processo-n-143064-do-stf>. Acesso em: 13 nov. 2020.

BRASIL. Supremo Tribunal Federal. Medida Cautelar na Ação Direta de Inconstitucionalidade n. 1.494-3/DF. Relator: Min. Celso de Mello. **Diário da Justiça**, Brasília, DF, 18 jun. 2001. Disponível em: <http://redir.stf.jus.br/paginadorpub/paginador.jsp?docTP=AC&docID=347091>. Acesso em: 13 nov. 2020.

BRASIL. Supremo Tribunal Federal. Recurso em Habeas Corpus n. 77.477/SP. Relator: Min. Maurício Corrêa. **Informativo SFT**, Brasília, DF, n. 138, 8 a 19 fev. 1999c. Disponível em: <http://www.stf.jus.br/arquivo/informativo/documento/informativo138.htm>. Acesso em: 13 nov. 2020.

BRASIL. Supremo Tribunal Federal. Recurso Extraordinário n. 1.146.235/SP. Relator: Min. Edson Fachin. **Diário da Justiça**, Brasília, DF, 18 dez. 2018b. Disponível em: <http://portal.stf.jus.br/processos/downloadPeca.asp?id=15339276802&ext=.pdf>. Acesso em: 13 nov. 2020.

BRASIL. Supremo Tribunal Federal. **Súmulas do STF**. Brasília, 1º dez. 2017f. Disponível em: <http://www.stf.jus.br/arquivo/cms/jurisprudenciaSumula/anexo/Enunciados_Sumulas_STF_1_a_736_Completo.pdf>. Acesso em: 13 nov. 2020.

BRASIL. Supremo Tribunal Federal. **Súmulas Vinculantes**. Brasília, 8 maio 2020d. Disponível em: <http://www.stf.jus.br/arquivo/cms/jurisprudenciaSumulaVinculante/anexo/2020SmulaVinculante1a29e31a58Completocapaecontedo.pdf>. Acesso em: 13 nov. 2020.

CRETELLA JUNIOR, J. **Tratado de direito administrativo**. Rio de Janeiro: Forense, 1970. v. 6.

CRUZ, I. S.; MIGUEL, C. A. **Elementos de direito penal militar**. Rio de Janeiro: Lumen Juris, 2008.

LIMA, R. B. de. **Manual de processo penal**. 7. ed. Salvador: JusPodivm, 2019.

LOPES JUNIOR, A. **Direito processual penal**. 16. ed. São Paulo: Saraiva Educação, 2019.

MAGIOLI, R. Q. Uma justiça especializada, muito especial. **Revista de Doutrina e Jurisprudência do Superior Tribunal Militar**, v. 23, n. 1-2, p. 23-38, ago./2013-jun./2014. Disponível em: <https://dspace.stm.jus.br/xmlui/bitstream/handle/123456789/135/Revista%20de%20Doutrina%20e%20Jusrisprudencia%20do%20Superior%20Tribunal%20Militar%20v.%2023-2014.pdf?sequence=1&isAllowed=y>. Acesso em: 13 nov. 2020.

MOURA, R. M. Ministra do STM quer pena maior para militar traficante. **O Estado de São Paulo**, 29 jun. 2019. Disponível em: <https://politica.estadao.com.br/noticias/geral,ministra-do-stm-quer-pena-maior--para-militar-traficante,70002894954>. Acesso em: 13 nov. 2020.

NEVES, C. R. C. Aplicação da pena privativa de liberdade no direito penal militar. **Justitia**, São Paulo, v. 68-69, n. 202-203, p. 39-82, jan./dez. 2011-2012. Disponível em: <http://www.revistajustitia.com.br/revistas/779d09.pdf>. Acesso em: 13 nov. 2020.

NEVES, C. R. C. **Manual de direito processual penal militar**. 3. ed. São Paulo: Saraiva Educação, 2018.

NEVES; C. R. C.; STREIFINGER, M. **Manual de direito penal militar**. 2. ed. São Paulo: Saraiva, 2012.

NUCCI, G. de S. **Curso de direito penal**: parte geral – arts. 1º a 120 do Código Penal. 3. ed. Rio de Janeiro: Forense, 2019.

NUCCI, G. de S. **Código Penal Militar comentado**. 2. ed. Rio de Janeiro: Forense, 2014.

OLIVEIRA, F. M. de. A Constitucionalidade do RDE. **Revista Jurídica do Ministério da Defesa**, Brasília, DF, v. 2, n. 2, p. 85-91, 2005.

PARANÁ. Lei n. 16.575, de 28 setembro de 2010. **Diário Oficial do Estado**, Curitiba, PR, 29 set. 2010. Disponível em: <https://www.legislacao.pr.gov.br/legislacao/pesquisarAto.do?action=exibir&codAto=56275&indice=1&totalRegistros=1>. Acesso em: 13 nov. 2020.

PARANÁ. Polícia Militar do Paraná. **Insígnias**. Disponível em: <http://www.pmpr.pr.gov.br/Pagina/Insignias>. Acesso em: 13 nov. 2020.

ROTH, R. J. Lei 13.491/17: os crimes militares por extensão e o princípio da especialidade. **Revista de Doutrina e Jurisprudência do Superior Tribunal Militar**, v. 27, n. 1, p. 124-145, jul./dez 2017. Disponível em: <amajme-sc.com.br/artigos/Artigo%20Dr%20Roth%20-%20Revista%20de%20Doutrina%20e%20Jurisprudencia%2027.pdf>. Acesso em: 13 nov. 2020.

SÃO PAULO (Estado). Polícia Militar. A Polícia Militar do Estado de São Paulo. ago. 2016. Disponível em: <https://www.policiamilitar.sp.gov.br/downloads/Apresentacao_Cmdo_G_Ago16.pdf>. Acesso em: 13 nov. 2020.

SÃO PAULO (Estado). Tribunal de Justiça Militar de São Paulo. Recurso Inominado n. 0003140-04.2018.9.26.0010. Relator: Clovis Santinon, 2ª Câmara. **Diário da Justiça Eletrônico**, São Paulo, SP, fev. 2019. Disponível em: <https://www.conjur.com.br/dl/violencia-domestica-entre-policiais.pdf>. Acesso em: 13 nov. 2020.

SÃO PAULO (Estado). Tribunal de Justiça Militar de São Paulo. Resolução n. 9, de 22 de agosto de 2012. **Diário da Justiça**, São Paulo, SP, ago. 2012. Disponível em: <http://www.tjmsp.jus.br/resolucao-no-009-2012/>. Acesso em: 13 nov. 2020.

TOURINHO FILHO, F. C. **Manual de processo penal**. São Paulo: Saraiva, 2009.

VIEIRA, D. G. **Estatuto dos Militares interpretado**. Natal, RN: D & F Jurídica, 2010.

Sobre o autor

Guilherme Sérgio Fauth é graduado em Direito (2018) pelo Centro Universitário Internacional Uninter e pós-graduado em Direito Penal e Processo Penal (2020) pela Escola Brasileira de Direito (Ebradi) e advogado criminalista.

Impressão: Forma Certa Gráfica Digital
Maio/2023

MISTO
Papel | Apoiando o manejo florestal responsável
FSC® C111076
FSC www.fsc.org